욕쟁이 요리 블로거
당근정말시러의

맛 보장
가정식
레시피

욕쟁이 요리 블로거
당근정말시러의

맛 보장
가정식
레시피

초판 1쇄 발행 2015년 11월 20일
초판 9쇄 발행 2018년 3월 26일

지은이	당근정말시러
책임편집	홍성희
진행	윤은숙

디자인	ALL design group(02-776-9862)

펴낸곳	빛날; 희
출판등록	2015년 10월 26일, 제 2016-000082호
내용·구입 문의	youcoffee@gmail.com
ISBN	979-11-956555-0-2 13590

욕쟁이 요리 블로거
당근정말시러의

맛 보장
가정식
레시피

당근정말시러 지음

빛날
;희

PROLOGUE

제 본가는 박 씨 집안의 종갓집이랍니다.
제가 엄마 옆에서 얼마나 거들고 살았는지
또 엄마는 틈만 나면 저를 얼마나 부엌데기로 부려먹었는지
완전 꼬맹이 '오싱'이 였어요. ^^
제 머릿속에 남아 있는 레시피들은 그때부터 할머니에게, 엄마에게
어깨너머로 배운 것들이랍니다.

시장에 가면, 식재료들만 봐도
그때 먹었던 음식들이 머릿속에 막~맴돌아요.
그래서 그 맛과 간을 기억해 내면서 요리를 한답니다.

이웃님들께 레시피를 나누기 전에 항상 메모하고 기록하고 연구해요.
작은 티스푼 양으로도 간이 달라지기 때문에 정확하게 기록하지요.
그렇지 않으면 저도 폭삭 망할 수 있어요.
이렇게 저렇게 메모하고 기록한 레시피 노트 5권이 있습니다.
시행착오를 거치고 그중에 제일 맛있는 레시피로 여러분들에게 알려드리는 거예요.

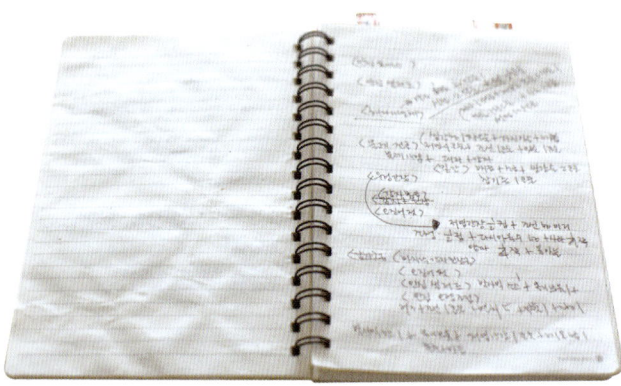

많은 걸 바라고 블로그를 시작한 건 아니었어요!
하나 하나씩 레시피를 나누면서 직접 해 드신
이웃님들의 후기와 칭찬, 격려 덕분에 지금까지 오게 된 것 같아요.
가족들 위해 맛있게 요리하는 이웃님들이 예뻐 보이고 고맙기까지 해요.
계절별 제철 재료로 맛있는 요리를 꼭 해드셨으면 좋겠어요.
쎄빠지게 일하고 하루 종일 발 냄새가 나도록 고생한
하늘 같은 남편에게 보글보글 금방 끓여낸 찌개에
갓 지은 맛난 집밥도 해주시고요.

그리고, 하나 더!
시간과 정성을 들여 요리를 했거나
고생스럽게 김치를 담갔다면 예쁜 접시에 담아내세요.
정갈한 상차림이 음식을 훨씬 맛깔스러워 보이게 하고
남편을 귀하게 대접하고 출세시키는 지름길이랍니다!

가족애는 밥상에서부터 오는 것 같아요.
오늘도 맛있는 집밥으로 행복하세요^^

2015 가을날,
당근정말시러 드림.

CONTENTS

Part 2   당근정말시러의 우리집 맛 보장 가정식 레시피

Part 3   당근정말시러의 우리집 강력추천 레시피

당근정말시러의 가정식 준비하기

맛 보장 양념장
+
맛 보장 계량법
+
맛 보장 요리를 위한 썰기 TIP

맛 보장 양념장

2% 부족했던 요리의 맛을 살려주는 맛 보장 양념장을 소개해요.
짜지도 싱겁지도 않은 간이 똑~ 떨어지면서 맛깔나는 요리를 만들어 줄 거예요.
양념장은 한 번에 너무 많은 양을 만들지 마시고 조금씩 만들어서 그때그때 소진하는 게 좋아요.

저염간장

갈비찜, 생선조림, 두부조림, 나물무침, 장아찌, 샐러드드레싱 등 뭘 하든 기본 이상의 맛이 나와요.
짜지도 싱겁지도 않은 똑~ 떨어지는 간이 왕~ 매력이랍니다.

재료
양조간장 1컵, 미림 1컵, 두꺼운 다시마 2조각, 구기자 10~15알

1 유리병에 양조간장과 미림을 1컵씩 부어요. 계량컵, 머그컵, 밥공기 상관없어요. 양조간장과 미림의 1:1 비율만 지켜주세요.

2 구기자, 다시마를 넣어줍니다.
● 다시마는 나중에도 따로 건져내지 않습니다. 너무 많이 넣지 마시고 딱 2조각만 넣어주세요.

3 냉장고에서 일주일간 숙성시켜 사용하면 됩니다. 냉장 보관하면 유통기한 없이 오랫동안 먹을 수 있어요.

고기는 부드럽게
생선은 탱글하게
요리전용 맛술
미림
천연 아미노산과 알코올이 들어 있어
잡냄새 제거는 기본!
고기 요리에 넣으면 더 부드러워지고,
생선 요리는 더 탱글하게 해줘요.

쯔유간장

쯔유는 일본식 간장이에요. 조림요리, 달걀말이, 샐러드, 소바 등에 다양하게 이용할 수 있는 만능 간장이랍니다.

재료

가츠오부시 크게 2줌, 자연산 다시마 1 조각, 물 1/4컵(50ml), 저염간장 2/3컵(150ml), 조선간장 1/4컵(50ml), 청주 2/3컵(150ml),

맛술 1/2컵(100ml), 조청 1큰술

1 냄비에 물, 저염간장, 조선간장, 청주, 맛술, 조청을 넣고 끓이다가 바글바글 끓어오르면 불을 꺼줍니다.

2 다시마를 넣어줍니다. 다시마는 가능하면 두껍고, 딱딱한 자연산을 구입하세요.
● 종이처럼 얇은 양식 다시마를 넣은 것과는 국물 맛이 완전히 달라요. 그리고 잘라놓은 다시마는 절대로 사오지 마세요.

3 하늘하늘한 가츠오부시를 넣고 뚜껑을 닫고 10분 알람 맞추어줍니다. 가츠오부시는 시간이 지나면서 쓴맛, 텁텁한 맛이 계속 우러나오니 꼭 10분입니다!

4 정확히 10분 후 거즈에 쯔유간장을 걸러냅니다.

5 한김 식혀 꼭 냉장 보관하세요.

레몬소금

레몬소금을 한 수저 넣으면 음식 맛이 50배는 달라져요. 샐러드드레싱, 고기요리 등에 이용해요.

재료

레몬 1개, 설탕 2작은술, 천일염 1작은술

1 욕심 부리지 말고 레몬은 1개로 시작하세요.

● 레몬은 봉지에 담아져 있는 것 말고 낱개로 있는 것을 구입하세요. 봉지에 담아져 있는 레몬은 날짜가 촉박한 것들을 묶어서 판매하는 경우가 많아요. 레몬은 손가락으로 눌렀을 때 말랑말랑하고 레몬즙이 빵빵하게 차 있는 무게가 무거운게 좋아요.

2 레몬을 끓는 물에 2~3초 정도 데치면 레몬껍질이 소독되고 레몬즙도 잘 나와요. 아주 살짝 데쳐서 찬물에 빡빡 씻어주세요.

3 레몬은 4등분으로 잘라 부채꼴 모양으로 최대한 얄팍하게 썰어줍니다. 얄팍하게 썰어야 레몬에서 즙이 많이 나옵니다.

4 볼에 3의 레몬, 설탕, 천일염을 넣고 여러 번 뒤적여주고, 설탕이랑 소금이 잘 녹도록 1시간 정도 그대로 둡니다.

● 좀 간간한 간을 원하시면 천일염 1작은술이 아니라 1/2큰술을 넣으세요.

5 유리병에 4를 넣고 즙이 살짝 나오도록 숟가락이나 작은 국자로 살포시 눌러주세요. 냉장고에서 일주일간 숙성시켜 사용하세요.

● 저는 3일 후부터 먹어도 괜찮더라고요.

마늘기름

음식의 완성도를 높여주는 마늘기름. 볶음요리에 자주 사용하는데 너무 맛있어요.

재료

페페론치노(이탈리아 건고추) 10알, 통마늘 10통, 오일 넉넉히(올리브오일을 제외하고 모두 가능해요.)

1 마늘은 살짝 두껍게 편으로 썰고, 페페론치노는 가위로 잘게 잘라줍니다.

● 페페론치노를 넣으면 맵싸하고 알싸하니 좋아요. 크게 맵지는 않지만 어린아이가 있는 집은 빼고 하셔도 상관없습니다.

2 유리병에 1을 넣고 오일을 넉넉히 부어줍니다. 마늘과 페페론치노의 비율은 4:6 정도예요.

● 저는 800ml 용기예요.

3 마늘기름은 시간이 지나면서 수분이 나옵니다. 살짝 시큼한 냄새가 나는데 볶을 때 없어지니 걱정하지 마세요. 냉장 보관하세요. 욕심껏 많이 만들지 마시고 가능하면 마늘 10통씩 만들어 드세요.

깻잎고추기름

중식당에서 사용하는 고추기름보다 두 수쯤 위인 깻잎고추기름이에요.
어떤 요리를 만들었는데 맛이 밋밋하다 싶을 때 한 방울 넣어주면 놀라운 맛을 보게 될 거예요.

재료

통마늘 3톨, 깻잎 3~4장, 대파 하얀 부분 10cm, 오일 1컵 반(300ml), 고춧가루 1/2컵(100ml)

1 마늘은 편으로 썰고, 깻잎은 깨끗이 씻어 물기를 제거하고 반으로 자르고, 파는 큼직하게 썰어요.

2 냄비에 깻잎, 마늘, 대파, 오일을 넣고 중불과 약불 사이에서 서서히 온도를 올려서 끓여요. 바글바글 끓어오르면 그때부터 2~3분 정도 더 끓여줍니다.

3 오일이 끓으면서 향긋한 깻잎과 향신채의 풍미가 올라오면 아주 약불로 줄이고 고춧가루를 넣어줍니다.
● 꼭 매운 고춧가루를 사용하세요. 그래야 한 방울만 넣어도 맛의 포인트가 확~ 살아요.

4 가장 작은 약불에서 5분만 살랑살랑하게 끓여줍니다.
● 꼭 약불이에요. 중불 혹은 센불에서는 고춧가루가 금방 탈 수 있어요.

5 불을 끄고 뚜껑을 닫고 1시간 동안 그대로 둡니다. 1시간 동안에 맛있는 향신채들이 오일과 함께 아우러져서 풍미가 아주 좋아진답니다.
● 또 하나 1시간 동안 그대로 두면 고춧가루가 밑으로 가라앉아서 나중에 걸러내기 아주 편해집니다.

6 커피필터를 받치고 거름종이를 깔고 5의 고추기름을 천천히 걸러내 냉장 보관하세요.

생강청

생강청은 불고기, 생선조림 등에 설탕 대신 넣어주면 생강향이 폴폴 나면서 향긋하고 아주 맛있어져요.

재료

채썬 생강 2컵(400g), 설탕 200g, 꿀 1/2컵(100ml)

1 가늘게 채썬 생강 2컵(400g)을 준비해요. 생강 5~6톨 정도예요.

2 채썬 생강에 설탕을 넣고 조물조물 버무려줍니다.

3 꿀 1/2컵을 넣어줍니다. 설탕의 1/2이라고 보면 돼요.

4 사이사이 저어주면서 설탕이 완전히 녹을 때까지 기다려줍니다.
● 설탕을 완전히 녹이지 않고 병에 넣으면 설탕이 밑으로 가라앉고 딱딱하게 굳어 절대로 녹지 않아요.

5 냉장고에서 2~3주 정도 숙성시켜 사용하세요.

생강술

편으로 썬 생강으로 생강술을 만들면 생강향이 은은하고 맑고 깨끗한 생강술을 맛보실 수 있답니다.
고기 요리할 때 잡내를 잡는데 아주 효과적이에요.

재료

생강 3톨, 청주(백화수복) 적당량

1 생강은 껍질을 벗겨 편으로 썰어줍니다.

2 유리병에 생강을 1/3 정도 채우고 청주(백화수복)를 가득 부어줍니다. 그럼 생강과 청주의 비율이 3:7이 되는 거죠.
● 생강을 믹서기에 갈아서 생강술을 만들면 생강에서 하얀 전분이 많이 생겨요. 그 전분에서 쓴맛과 텁텁한 맛이 나요.
● 저는 800ml 용기예요.

3 냉장 보관해서 2~3일 후에 바로 사용할 수 있어요. 생강은 따로 걸러내지 않고 그대로 두세요.

볶음 소고기

소고기는 냉동 보관했다 해동하는 동시에 핏물과 잡내가 날 수 있어요. 소고기를 볶아서
냉동 보관하면 해동할 때 잡내나 누린내가 절대로 나지 않고, 맛도 그대로랍니다.
직장 다니는 주부님들은 주말에 준비해두었다가 평일에 국이나 반찬을 만들 때 사용하세요.

재료

소고기 다짐육 한 팩(250g), 생강술(또는 청주) 3큰술, 참기름 2큰술

1 달구어진 팬에 소고기, 생강술, 참기름을 넣고 수분이 거의 없어질 때까지 보슬보슬하게 볶아줍니다.

2 1의 소고기를 보관용기에 3큰술씩 담아서 냉동 보관하세요. 요리 하기 1시간 전에 꺼내 놓거나, 시간이 없을 때는 뜨거운 물에 중탕으로 담가 놓으면 10여 분 안에 해동된답니다.

횟집 초장

식초는 제품별로 산도가 다릅니다. 꼭 양조식초 기준으로 초장을 만들어 주세요.
이 레시피로 만들고 하루 꼬박 냉장숙성시켜주면 내가 만들면 늘 부족했던 2%가 신기하게도 가득 채워 진답니다.
믿고 하루만 기다리세요. 횟집 초장 맛이 분명하게 납니다.

재료

고추장 듬뿍 떠서 3큰술, 저염간장 1큰술, 조선간장 1큰술, 다진 마늘 1작은술

단촛물

양조식초 6큰술, 설탕 2큰술, 소금 2꼬집

1 내열볼에 분량의 **단촛물** 재료를 넣고
랩을 느슨하게 씌우고 전자레인지에서
30초 찡~ 돌린 다음 설탕이 녹도록 잘 저어줍
니다.

● 화이트식초, 포도식초, 감식초, 사과식초, 2배식초
의 산도는 확연하게 다릅니다. 꼭 양조식초로 초장을
만들어주세요.

2 한김 식혀 단촛물에 열기가 살짝 있을 때
고추장, 저염간장, 조선간장, 다진 마늘
을 넣고 잘 섞어줍니다.

● 저는 집에서 만든 찹쌀고추장을 사용했는데 시판 고
추장은 간을 보고 기호에 따라 단맛을 조절해주세요.

3 수저로 잘 저어주세요. 수저에서 떨어
지는 농도가 아주 살짝 묽은 정도가 잘
된 거예요. 냉장고에서 숙성되면서 좀 더 되직
해져요.

● 요 상태에서 손가락으로 살짝 찍어서 맛을 봐도 맛
있어요.

4 냉장고에서 하루 꼬박 숙성시켜줍니다.
다음날 간을 보고 양조식초 1큰술만 더
추가해 바로 드시면 됩니다.

● 여기에 다진 파, 생강, 후추, 깨, 참기름 등은 추가
하지 않아요. 최소의 양념으로 간결하게 맛을 내는
것이 하나의 내공입니다.

멸치육수

제 요리에서 멸치 머리는 육수의 맛을 좌우하는 큰 역할을 해요.
중요한 손님을 초대했을 땐 멸치 머리팩 2개와 다시마를 넉넉히 넣어 심플하고 깔끔하게 육수를 만들어냅니다.

재료

멸치 몸통 한 줌, 멸치 머리 6큰술, 다시마 2장(손바닥 크기), 물 6컵, 다시팩

● 한 번 끓이는 양을 제시했는데, 구입한 멸치를 전부 손질했다가 필요할 때 사용하세요.

1 멸치는 내장과 머리를 분리해줘요.

2 마트에서 판매하는 다시팩(중)에 멸치 머리를 6큰술씩 넣어줍니다.

3 냄비에 물 6컵을 넣고 손바닥 크기의 다시마 2장을 넣어줍니다. 다시마를 잘게 잘라서 넣어주면 사이사이 감칠맛이 많이 우러나와요.

4 냄비에 멸치 몸통을 한 줌을 넣어줘요.

5 2의 멸치 머리를 넣은 다시팩을 하나 넣어줘요.

6 끓기 시작하면 중불과 약불 사이에서 5분만 끓여주고 불을 꺼줘요. 뚜껑을 닫고 3시간 후에 육수를 사용해요.
● 하루 전날 끓여주고 다음날 먹으면 제일 좋아요.

● **좋은 멸치**

국물용 멸치는 비늘에서 은빛이 나고 몸통에서는 연한 황금빛이 나는 게 좋아요. 가을부터 이듬해 봄에 잡히는 멸치를 국물용으로 많이 사용해요. 누렇게 변한 멸치는 산패가 일어나 이미 맛도 살짝 간 거예요. 이런 멸치로 육수를 내면 비린 맛이 심해요. 멸치뿐만 아니라 건어물은 꼭 냉동 보관하세요. 그래야 비린 맛도 없고 찌든 냄새도 나지 않고 색도 누렇게 변하지 않아요.

만능 비빔장

TV에서 막국수의 달인을 보고 제 나름대로 만들어 봤어요.
이 비빔장은 인공적이고, 시큼하고, 먹고 나면 물이 당기는 그런 비빔장이 아니랍니다.
식초 한 방울, 고추장 한 숟갈 넣지 않았는데 이렇게 깊은 맛이 날까 싶어요.
정말 깔끔하고, 개운하고 여운이 오랫동안 남네요. 저는 이 비빔장으로 비빔냉면도 해먹고,
양념꽃게장도 만들고, 맨밥에도 비벼 먹는답니다.

재료
무 한 토막(양파 1/2개 크기), 양파 1/2개, 정수기용 메밀 티백 2개, 고춧가루 8큰술, 다진 마늘 1큰술, 대파 1뿌리(대파가 호리호리하면 2뿌리)

간장물
메밀차 1/2컵, 저염간장 1/4컵, 조선간장 5큰술, 맛술 2큰술, 조청(또는 물엿) 1큰술

1 끓는 물 1/2컵에 정수기용 메밀 티백 2
개를 넣어 찐하게 우려냅니다. 은행에
가면 있는 작은 메밀 티백은 3~4개를 넣으면
찐하게 나올 거예요.

2 냄비에 분량의 **간장물** 재료를 넣고 팔
팔~ 끓여줍니다. 간장물이 끓기 시작하
면 약불에서 3분 정도 졸이듯 끓여요. 구수한
메밀향이 아주 좋아요.

3 무와 양파는 강판이나 믹서기에 갈아줍
니다.
● 무나 양파의 양이 너무 많으면 농도가 묽어지니 용
량을 꼭 지켜주세요.

4 2의 간장물에 고춧가루, 다진 마늘, 무
와 양파 간 것을 넣어줍니다.

5 대파는 잘게 송송 썰어 넣고 양념이랑
아우러지도록 잘 저어줍니다. 이때 양
념장이 너무 묽다 싶으면 고춧가루 1큰술을 추
가하세요.
● 저는 안 매운 고춧가루 6큰술 + 매운 고춧가루 2큰
술로 했어요.

6 5의 비빔장을 유리병에 담아 3일 정도
냉장 숙성시켜요.
● 중간에 너무 궁금해서 이틀째 되는 날 한 수저 떠
먹어봤는데 짜지도, 달지도, 싱겁지도 않은 그야말로
대박 비빔장이랍니다. 먹고 나면 입꼬리가 바짝 올라
갈 정도예요.

맛 보장 계량법

저는 계량수저를 사용하지 않고 매일 먹는 밥숟가락으로 계량해요.
한식은 수저 크기가 중요한게 아니라 '비율'이 중요합니다. 수저 크기에 예민해하지 마세요.

장류, 액체류, 가루류 계량하기

집에 있는 밥숟가락 3종류를 꺼내보았어요. 디자인, 소재, 두
께는 다르지만 한 숟가락으로 뜰 수 있는 부피와 크기는 크게
다르지 않아요. 3개의 숟가락 중 제가 레시피에 사용하는 것
은 가운데 있는 일명 진공수저라고 불리는 식당에서 많이 사
용하는 아주 가벼운 숟가락이에요. 1큰술은 집에서 사용하는
밥숟가락을 사용하시면 됩니다. 1작은술은 티스푼으로 계량
해요.

1큰술 어른 밥숟가락을 사용해요.

찹쌀가루 **듬뿍 떠서** 1큰술

찹쌀가루 **적당히 떠서** 1큰술

고추장 **듬뿍 떠서** 1큰술

듬뿍 떠서 1큰술을 그릇 가장자리로 깎아내면 **적당히 떠서** 1큰술

1작은술 티스푼을 사용해요.

설탕 **듬뿍 떠서** 1작은술

설탕 **적당히 떠서** 1작은술

1꼬집 주로 소금 간을 할 때 사용하는 단위로 손가락으로 소금을 살짝 집은 정도의 분량이에요.

1컵 마트에서 구입한 계량컵을 사용해요. 1컵은 200ml이고, 계량컵이 없으면 종이컵에 가득 채우면 200ml예요.

1꼬집

3꼬집은 1/3작은술 정도

채소나 고기류 계량하기

1줌 고기나 채소 등의 재료를 손으로 한 움큼 쥐었을 때의 양이에요.

마늘쫑 **한 줌**

부추 **한 줌**

멸치 **한 줌**

맛 보장 요리를 위한 썰기 TIP

요리는 재료를 손질하고 써는 것부터 시작하죠.
썰기에 너무 예민할 필요는 없지만 기본 썰기는 알아두세요.
요리 초보자분들은 썰기 자체를 어려워하는 경우가 많은데 칼질도 하다 보면 늘어요.

깍둑썰기

기본 썰기 방법으로 깍두기의 무, 카레라이스에 넣는 채소를
썰 때 많이 사용해요. 정사각형에 가까운 모양으로 네모지게
썰면 됩니다.

감자 깍둑썰기

채썰기

비빔밥 재료, 생채, 숙채 등에 들어가는 채소를 썰 때 많이 사용하는 썰기예요.
원하는 크기로 재료를 토막낸 다음 얇게 썰어서 일정한 크기로 채썰기 해요.

마늘 채썰기

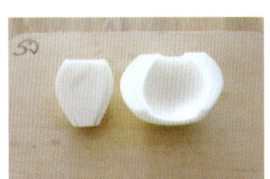

양파 채썰기

대파 채썰기
대파의 파란 부분은 한쪽 옆면을 갈라 넓게 펼치고 어슷하게 채썰어요.

대파의 하얀 부분은 파채칼을 이용해 슥슥 긁어주세요.

오이 채썰기

송송 썰기
대파, 고추 같은 채소를 썰 때 둥근 모양을 살려 써는 것을 말해요.

고추 송송 썰기   대파 송송 썰기

대파 파란 부분 송송 썰기
대파 2~3개를 겹쳐 끼워 넣고 썰면 빠르고 편해요.

어슷썰기

파, 고추, 오이 등 가늘고 긴 채소를 썰 때 채소를 도마 위에 놓고 칼의 방향을 어슷하게 써는 방법을 말해요.

고추 어슷썰기

파 어슷썰기

반달썰기

주로 애호박볶음을 할 때나 찌개에 넣을 때 사용하는 썰기예요. 길게 반으로 썬 다음 반달모양으로 썰어요.

무 반달썰기

편썰기

마늘이나 생강을 썰 때 많이 사용하는 방법이에요.
고깃집에서 마늘을 편썰기 해서 많이 주죠. 얇게 둥근 모양을
살려서 써는 것을 말해요.

마늘 편썰기

돌려깎기

호박이나 오이의 씨를 제외하고 5cm 내외로 채소를 토막내어
껍질부분만 얇게 깎아내는 것을 말해요.

호박 돌려깎기

다지기

양파, 파, 마늘 등 주로 양념으로 사용하는 재료를 다져서 사용
하는 경우가 많아요. 가늘게 채썰어 작게 조각냅니다.

양파 다지기

Part 1 당근정말시러의 우리집 단골 가정식 레시피

가지밥

차돌된장짜글이찌개

우엉조림

가
지
밥

껍질을 벗겨낸 가지로 밥을 지어 식감이 굉장히 부드러워 치아가 약한
어르신들도 무척 좋아하는 밥이에요. 가지가 제철인 여름에 꼭 한번씩
만들어 보세요. 소고기를 넣어 영양 밸런스까지 맞췄답니다. 가지밥은
차돌된장짜글이찌개를 넣고 비벼 먹으면 정말 정말 맛있어요. 취향에
따라 달래장이나 파장을 만들어 비벼 먹어도 좋아요.

 (2인 기준)

○ 불린 쌀 1컵 반
○ 물 1컵 반
○ 날씬한 가지 1개
○ 볶음 소고기 3큰술 16쪽 참고
○ 생강술 1큰술
○ 조선간장 1작은술
○ 들기름 1큰술

1 가지는 필러로 껍질을 벗기고 먹기 좋은 크기로 깍둑썰기 해줍니다.
- 껍질을 벗기지 않아도 되지만, 껍질을 벗기면 식감이 좀 더 부드러워 갓 지은 쌀밥이랑 아우러져서 천상의 맛을 낸답니다.

2 볼에 볶음 소고기 3큰술, 생강술 1큰술, 조선간장 1작은술을 넣고 살살 버무려 밑간을 합니다.

3 뚝배기에 불린 쌀을 넣고 바로 들기름을 넣어 버무려줍니다. 들기름에 쌀알이 코팅되어서 밥맛이 기가 막히게 맛있어요!
- 뚝배기는 일반 냄비보다 밥물을 꽤 잡아먹어요. 불린 쌀이 1컵이라면 물 1컵에 뚝배기가 잡아먹는 물 3~4큰술을 더 넣어주세요.

4 센불과 중불 사이에서 바글바글 끓이다가 밥물이 사진처럼 줄어들면 약불로 줄이고 가지를 넣어요.
- 타이밍을 놓쳐서 밥물이 바짝 줄었다면 물 30㎖ 정도를 부어주세요.

5 2의 밑간한 볶음 소고기를 넣어줍니다.

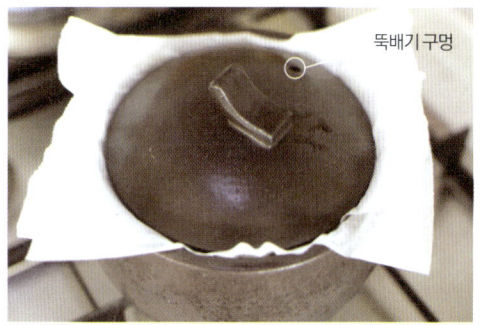

뚝배기 구멍

6 뚝배기 위에 종이호일을 덮고 뚜껑을 닫아줍니다. 제일 약한 약불에서 10여 분간 뜸을 들이세요.
- 종이호일이 뚝배기 구멍에서 나오는 맛있는 수분과 압력을 보호해줘 밥맛이 80배는 맛있어요!
- 누룽지를 만들려면 뜸을 15분간 들여요.

차돌된장
짜글이찌개

우리 집 베스트 메뉴를 소개해요. 한 달에 3~4번은 꼭 해먹을 만큼 만만한 메뉴이지만 만만치 않은 맛을 보장해요. 찬거리가 어중간하거나 반찬만들기 싫은 날, 뭔가 진하게 먹고 싶을 때 꼭 만들어 먹어요. 기름지고 고소한 차돌박이랑 칼칼한 양념이 스며들어 맛나게 조려진 두부를 밥에 듬뿍 올려 쓱쓱 비벼주면 그야말로 꿀맛이에요.

 (2~3인 기준)

○ 냉동 차돌박이 2줌
○ 두부 1모
○ 굵은 대파 2뿌리(날씬한 대파는 3뿌리)
○ 애호박 1/4개
○ 생표고버섯 1개(좋아하는 버섯을 넣어도 됩니다)
○ 청양고추 2개
○ 멸치육수 1컵
○ 된장 3~4큰술(집된장 2~3큰술)
○ 오일 1큰술
● 차돌된장양념은 2회분 분량이에요. 미리 만들어두면 숙성되어 더욱 깊은 맛이 나요.

1 대파는 깨끗이 씻어서 너무 굵거나 크지 않게 송송 썰어요.

2 애호박, 표고버섯, 청양고추는 잘게 송송 썰어요. 대파는 한줌 정도 접시에 따로 담아둡니다.

3 달구어진 팬에 오일 1큰술을 두르고 2의 대파를 제외한 나머지 대파를 넣고 센불에서 숨이 살짝만 줄을 정도로 볶아줍니다. 대파를 볶을 때 달큰한 대파향이 올라오면 OK!
● 대파는 꼭~ 볶아주세요. 귀찮다고 볶지 않으면 차돌된장짜글이찌개는 폭삭~ 망해요.

4 차돌박이는 해동된 상태에서는 잘 썰어지지 않으니 냉동된 상태에서 잘게 썰어요.

5 볼에 3의 대파, 4의 차돌박이, 된장 3~4큰술을 넣고 재료들이 아우러지도록 잘 섞어 차돌된장 양념을 만들어요.

●집에 있는 된장이 염도가 높으면 1~2큰술 줄이거나 시판 된장 이랑 반반 섞어서 사용하세요.

●남는 차돌된장양념은 냉동 보관하거나 찬밥, 냉장고 자투리 채 소, 된장차돌양념 1큰술을 넣고 볶음밥을 만들어도 좋아요.

●두부는 사오자마자 글라스락에 넣고 적어도 2~3번 물을 갈아 간수를 빼줍니다. 두부는 하루 정도 간수를 빼주면 좋아요. 불필요한 수분이 소주잔 1~2잔 정도는 나올 거예요. 시간이 없을 때는 두부에 랩을 살짝 씌우고 전자레인지에 1분 정도 돌려서 수분을 제거해주세요. 두부의 수분이 어느 정도 빠져야 찌개가 맛있어요.

6 두부를 접시에 올려놓고 한 손은 두부를 지그시 누르고 가로세로 폭을 좁게 잡아서 사진처럼 벌 집 모양으로 두부 높이의 1/2까지만 칼집을 넣 어줍니다.

●두부는 도마보다 접시 위에서 칼집을 넣어야 뚝배기에 담기 편해요.

●요렇게 촘촘하게 벌집 모양이 나와야 정답. 귀찮아서 포도알만큼 크 게 칼집을 넣으면 그 맛이 나지 않아요. 두부 사이사이에 맛있는 된장 양념이 스며들어야 짜글이찌개의 진정한 맛을 느낄 수 있답니다. 꼭 촘 촘하게 칼집을 넣어주세요.

7 뚝배기에 2의 볶지 않은 대파 한 줌을 먼저 깔 고 두부를 넣어주세요. 끓일 때 두부가 뚝배기 에 눌어 붙는 것을 방지하기 위해서예요.

8 두부 위에 5의 차돌된장양념 2~3큰술을 듬뿍 올 려줍니다.

9 멸치육수 1컵을 다 붓지 말고 2/3 정도 붓고 끓여줍니다.

10 끓기 시작하면 약불로 줄이고 뚜껑을 닫고 10여 분간 짜글짜글 끓여줍니다.
  ● 스테인리스 수저를 꽂아 놓으면 신기하게 끓어 넘치지 않아요.

11 국물이 적다 싶으면 멸치육수를 조금 더 붓고 애호박, 표고버섯, 청양고추를 넣고 중불에서 뚜껑을 닫고 2~3분간 더 끓여줍니다.

가지밥 + 차돌된장짜글이찌개 + 우엉조림

우엉
조림

우엉조림은 의외로 손은 많이 가서 김밥을 만들 때만 하게 되는데 오늘은 가족들을 위해 만들었답니다. 뿌리채소인 우엉은 인삼에 많이 들어 있는 사포닌이 풍부해 면역력을 높이는 데 도움이 된다고 해요. 저염간장으로 조려 짜지 않고 간이 똑 떨어져요. 요런 밑반찬 하나 만들어두면 일주일은 든든하죠.

 (2~3인 기준)

○ 흙이 묻은 우엉 1뿌리
○ 당근 2/3개
○ 마늘기름 1큰술 13쪽 참고
○ 소금 2~3꼬집

간장양념장 +
○ 멸치육수 3큰술
○ 저염간장 3큰술
○ 조선간장 1작은술
○ 맛술 2큰술
○ 조청 1큰술
○ 다진 마늘 1작은술

1 분량의 **간장양념장**+ 재료를 미리 배합해주세요.

2 우엉은 필러로 껍질을 벗겨줍니다. 당근과 우엉은 가늘게 채썰어줍니다.
　●꼭 채썰지 않고 어슷썰기 등 편하게 썰어도 됩니다.

3 우엉은 끓는 물에 1분 정도 데쳐서 찬물에 헹구어 체에 받쳐 물기를 빼줍니다.
　●갈변 방지를 위해 식초를 넣고 데치기도 하는데 어차피 껍질을 벗기는 순간 갈변이 일어나기 때문에 저는 식초를 넣고 데치지 않아요.

4 달구어진 팬에 마늘기름 1큰술, 당근, 우엉을 넣고 살짝 볶아줍니다. 이때 소금 2~3꼬집으로 밑간을 합니다.

5 4에 1의 **간장양념장**+을 넣고 중불과 약불 사이에서 잘박하게 조려주세요. 간이 싱거우면 저염간장 1큰술을, 단맛이 모자라면 조청 1작은술을 더해주세요.

소고기가지국

삼치조림

비름나물

양파전

소고기
가지국

90세가 넘으신 본가 친할머니께서 참 좋아하셔서 자주 끓여 드시는 여름 보양국이랍니다. 푹 익은 가지가 입안에서 녹아내리는 것 같은 부드러움과 담백함이 일품이죠. 소화도 잘 되어 여름철 기운 없는 어르신들 기력회복에도 좋답니다. 무가 들어간 소고기국과는 전혀 다른 느낌이랍니다. 완전 고급스러운 한 그릇이죠.

 (2인 기준)

○ 소고기 국거리용 150g
○ 가지 1개
○ 좋아하는 버섯 한 줌
○ 통마늘 2톨(다진 마늘도 좋아요)
○ 멸치육수 3컵
○ 소금 2~3꼬집
소고기 양념+
○ 참기름 1큰술
○ 조선간장 1큰술
○ 생강술 1큰술 16쪽 참고
○ 후추 약간

1 가능하면 날씬한 가지를 골라요. 필러로 껍질을 벗기고 손가락 마디 길이로 길쭉하게 잘라줍니다. 소고기가지국엔 꼭 가지의 껍질을 벗겨야 입 안에서 호로록 부드럽게 넘어가요.

2 마늘은 가늘게 채썰어줍니다. 소고기와 좋아하는 버섯을 준비해요.

3 냄비에 소고기, **소고기 양념**✛ 재료를 넣고 불을 켜고 중불과 약불 사이에서 살살 볶아야 냄비에 달라붙지 않고 은은하게 고기향이 올라와요.
 ● 달구어진 냄비에 소고기와 양념을 넣고 센불에서 볶으면 고기가 타면서 냄비에 달라붙어요.

4 소고기가 어느 정도 볶아지면 멸치육수 3컵을 넣고, 끓기 시작하면 마늘과 가지를 넣어줍니다. 약불로 줄이고 뚜껑을 닫고 15분 정도 뭉근히 끓여줍니다.

5 버섯을 넣어줍니다. 이때 간을 보고 싱거우면 소금과 후추를 약간 더하고 마무리해요.

삼치
조림

삼치는 잔가시가 없어 아이들 반찬을 만들기에 적합한 재료예요. 레몬소금과 저염간장으로 맛나게 조려내 어린이 밥반찬으로 그만이랍니다. 함께 넣은 꽈리고추와 통마늘이 맛의 밸런스를 잡아줘요. 전 삼치도 맛있지만 꽈리고추가 더 좋아요. 쌈 위에 하얀 밥과 삼치살을 올려 싸 먹어도 맛있어요.

○ 냉동 삼치 1팩

레몬소금데리야끼소스⁺

○ 꽈리고추 6개

○ 저염간장 3큰술 10쪽 참고

○ 통마늘 3톨

○ 조선간장 1작은술

○ 대파 조금

○ 레몬소금 1큰술 12쪽 참고

○ 감자녹말가루 1큰술

○ 조청 1/2작은술

○ 생강술 1큰술 16쪽 참고

○ 맛술 1큰술

○ 후추 약간

○ 생강술 1큰술

○ 오일 1큰술

○ 마늘기름 1큰술 13쪽 참고

○ 쌀뜨물 적당량

1 소금 간이 되어있는 냉동 삼치는 하루 전에 냉장 해동해줍니다. 꽈리고추를 준비하고, 대파는 손 가락 마디 길이로 썰고 통마늘은 두껍게 편썰기 해요.
● 시간이 없으면 냉동 삼치의 봉지를 뜯지 말고 물에 담가주면 30분 안에 해동됩니다. 삼치가 생물일 경우엔 굵은 천일염 1/2작 은술 정도를 고루 뿌려서 간이 배이도록 30분 정도 재워줍니다.

2 삼치는 어슷하게 3~4등분으로 큼직하게 썰어줍 니다.

3 토막 낸 삼치는 쌀뜨물에 30분 정도 담가 염분과 비린내를 잡아줍니다.
● 생물 삼치는 이 과정이 필요 없어요~.

4 30분 후 쌀뜨물에서 건져낸 삼치는 물기를 제거 하고 생강술 1큰술, 후추 약간을 뿌려 잡내와 비 린내를 확실하게 잡아줍니다.

5 분량의 레몬소금데리야끼소스+ 재료를 배합해줍 니다.

6 4의 삼치는 키친타월로 물기를 완전히 제거하고 감자녹말가루를 고루 묻혀줍니다. 팬에 올리기 전 탈탈~ 털어서 여분의 덧가루를 제거해줍니 다.
● 감자녹말가루 대신 밀가루도 좋아요.

7 달구어진 팬에 오일을 두르고 삼치를 앞뒤로 구
워줍니다. 삼치가 2/3정도 구워졌을 때 옆으로
살짝 밀어내고 한쪽에 꽈리고추, 대파, 마늘, 마
늘기름 1큰술을 넣고 볶아줍니다.

8 꽈리고추가 어느 정도 볶아졌을 때 5의 **레몬
소금데리야끼소스**➕를 붓고 중불과 약불 사이에
서 자박자박하게 조려줍니다.

9 소스가 반 정도 줄어들면 일단 불을 끄고 삼치와
꽈리고추를 접시에 담아둡니다.

10 팬을 기울여 남은 소스가 걸쭉해지도록 센불
에서 졸여줍니다.

11 어느 정도 농도가 생긴 소스를 삼치 위에 부
어주면 좀 더 고급스럽고 맛있게 먹을 수 있
어요.

비름나물

대통령의 밥상이라는 TV 프로그램을 보니 박정희 대통령은 초고추장에 무친 비름나물을 매끼 드셨다고 해요. 비름나물은 고춧잎처럼 향긋한 풀내가 나면서 씹을수록 쌉싸래한 것이 식감과 풍미가 중독성이 있어요. 전 집된장과 조선간장을 넣고 무쳐냈어요.

○ 비름나물 1봉지(마트 기준)
○ 굵은소금 약간
양념장+
○ 된장 1작은술
○ 고추장 1작은술
○ 멸치육수 1큰술
○ 다진 마늘 1/2작은술
○ 참기름(또는 들기름) 1큰술

1 비름나물은 질긴 대 부분은 버리고 야리야리한 잎만 사용할 거예요. 깨끗한 물에 가볍게 한 번 씻어냅니다.

2 끓는 물에 굵은소금을 약간 넣고 1의 비름나물을 딱 30초만 데쳐 바로 찬물에 여러 번 헹궈 물기를 꽉~ 짜줍니다.

3 분량의 **양념장+** 재료를 미리 배합해줍니다.

4 2의 비름나물에 3의 **양념장**을 넣고 조물조물 무쳐줍니다. 간을 보고 싱거우면 소금 2~3꼬집을 더해줍니다.

● 나물 간은 시간이 지나면서 약해지기 때문에 무칠 때 살짝 짭조름하게 무쳐야 해요.

![food photo]

양파전

한식대첩 결승전에서 전남팀이 내놓았던 무안 양파전. 심사위원들이
극찬을 해서 저도 만들어 봤어요. 익숙한 비주얼의 전이지만 맛은 초
대박입니다. 왜 전남팀이 결승전 요리로 내놓았는지 바로 납득했답
니다. 사각사각 아삭아삭한 양파의 식감이 좋아요. 고기육즙이 양파
사이사이에 스며들어 정말 고급스런 맛이랍니다. 손은 많이 가지만
명절이나 손님 초대상에 내놓으면 모두 칭찬할 거예요.

 (2~3인 기준)

○ 양파 3개(중간 크기)
○ 다진 소고기 100g
○ 달걀 1개
○ 밀가루 약간
○ 오일 적당량

소고기 밑간 +

○ 잘게 다진 대파 1큰술
○ 다진 마늘 1/2작은술
○ 저염간장 1큰술 10쪽 참고
○ 생강술 1작은술 16쪽 참고
○ 소금 2~3꼬집
○ 참기름 1작은술
○ 후추 약간

1 다진 소고기에 분량의 **소고기 밑간⁺** 재료를 넣고
조물조물 치대어줍니다.

2 양파는 중간 크기를 준비해 살짝 두껍게 링 모양
으로 썰어줍니다.

3 1의 밑간한 소고기를 양파 위에 동전 크기만큼
작게 붙여줍니다.

4 3의 양파에 소고기가 떨어지지 않도록 밀가루를
앞뒤로 가볍게 묻히고 달걀물을 입혀줍니다.

5 달구어진 팬에 오일을 넉넉히 두르고 달걀물을
입힌 양파를 노릇하게 시져냅니다. 이때 쏙 고
기가 있는 쪽을 먼저 익혀줍니다. 고기가 익었
다 싶으면 앞뒤로 한 번씩만 뒤집어 익히고 접
시에 담아냅니다.
● 양파는 열을 받으면 수분이 나오면서 힘이 없어지니 오래 익히
지 마세요.

아욱된장국

돼지고기피망잡채

브로콜리감자사라다

매콤애호박볶음

아욱
된장국

보드랍게 끓인 아욱국은 제가 완전 좋아하는 메뉴예요. 된장과 마른 새우는 환상의 궁합이죠. 감기 기운이 있을 때 아욱에 마른 새우 한 줌을 넣고 심심하게 된장국을 끓여 먹으면 감기가 똑 떨어지는 것 같답니다.

 (2인 기준)

○ 아욱 1봉지(마트 기준)
○ 홍새우(또는 두절새우) 한 줌
○ 멸치육수 3컵
○ 된장 1큰술
○ 대파 조금
○ 청양고추 1개(취향에 따라)
○ 소금 2~3꼬집

1 아욱은 딱딱한 대 부분만 잘라내 손질해요.

2 손질한 아욱은 손에 힘을 주고 박박 치대어 풀기를 빼고, 깨끗한 물이 나올 때까지 헹구어 먹기 좋게 듬성듬성 잘라줍니다.

3 냄비에 멸치육수 3컵을 부어줍니다. 육수가 끓기 시작하면 2의 손질한 아욱, 된장 1큰술을 넣어줍니다.

4 바로 홍새우를 넣고 뚜껑을 덮지 않고 10분 정도 약불에서 은은하게 끓여줍니다.

5 간을 보고 싱거우면 소금 2~3꼬집을 넣고, 기호에 따라 송송 썬 청양고추, 대파를 넣어줍니다.

● 된장국을 끓일 때는 마지막에 소금 2~3꼬집으로 간을 맞춰야 간이 똑 떨어집니다. 중간중간 간을 너무 많이 보면 혀가 마비되니 간 조절은 마지막에 하는 게 좋아요.

돼지고기
피망잡채

중식당에 가면 꼭 주문하는 고추잡채. 제가 너무 좋아해서 자주 해먹는 우리 집 인기 메뉴로 돼지고기 목살에 청 피망을 왕창 썰어 넣고 저염간장에 맛나게 볶기만 하면 된답니다. 피망의 아삭한 식감과 쫀득한 돼지고기의 맛 이 잘 어울러진 환상적인 맛이에요. 손님 초대상에 내어도 손색없어요.

(2인 기준)

○ 돼지고기 구이용 목살 3장

○ 청피망 2개

○ 양파 1/2개

○ 감자녹말가루 2큰술

○ 마늘기름 1큰술 13쪽 참고

○ 오일 2큰술

○ 소금 2~3꼬집

돼지고기 밑간+

○ 생강술 2큰술 16쪽 참고

○ 소금 2~3꼬집

○ 후추 약간

양념장+

○ 저염간장 3큰술 10쪽 참고

○ 조선간장 1큰술

○ 맛술 2큰술

○ 조청 1큰술

○ 다진 마늘 1작은술

○ 다진 파 1작은술

1 분량의 **양념장**+ 재료를 미리 배합해줍니다.

2 돼지고기는 살짝 두껍게 썰어진 구이용 목살을 구입하세요.

3 돼지고기는 잡채용처럼 길쭉하게 채썰어요.

4 돼지고기는 생강술 2큰술, 소금 2~3꼬집, 후추 약간을 넣고 밑간을 하고 잡내도 잡아줍니다.

5 10여 분 후 4의 돼지고기에 감자녹말가루 2큰술 을 넣고 조물조물 치대어줍니다.
● 돼지고기에 감자녹말가루를 입혀 볶으면 고기 육즙이 빠지지 않고 양념이 잘 흡착되어 훨씬 맛있어요.

6 양파는 가늘게 채썰어줍니다.

7 피망은 반으로 갈라 씨를 제거해요.

8 피망은 사진처럼 반달썰기 해야 볶았을 때 얌전하고 예뻐요.

9 달구어진 팬에 마늘기름 1큰술을 두르고 6의 양파를 먼저 볶아줍니다. 바로 8의 피망을 넣고 센불에서 딱 1분만 더 볶아 접시에 따로 담아둡니다. 이때 소금 2~3꼬집으로 밑간을 합니다.

10 채소를 볶았던 팬에 오일 2큰술을 두르고 5의 돼지고기를 넣고 센불에서 볶아줍니다.

11 돼지고기가 완전히 익었을 때쯤 9의 채소, 1의 **양념장+**을 넣고 센불에서 뒤적이고 불을 꺼줍니다. 이때 1분을 넘기지 않도록 합니다.

● 마지막에 간을 보고 싱거우면 소금 2~3꼬집, 후추 약간을 넣어주세요. 기호에 따라 깻잎고추기름 1작은술을 곁들이면 아주 맛있어요.

브로콜리
감자사라다

아줌마 파마머리 같은 브로콜리. 어떤 요리를 해
야 할지 몰라 주로 데쳐서 초장에 찍어 먹는 분들
을 위해 누구나 좋아하는 인기 메뉴를 알려 드릴
게요. 만들기 간단해서 만드는 사람도 좋고, 맛있
어서 먹는 사람도 좋아한답니다. 사라다소스에 넣
은 레몬소금이 맛을 업그레이드시키네요.

○ 감자 1개(중간 크기)
○ 브로콜리 1송이
○ 달걀 1개
○ 식초 1큰술
사라다소스⁺
○ 마요네즈 5큰술
○ 레몬소금 1큰술 12쪽 참고
○ 후추 약간
● 레몬소금이 없으면 소금 2~3꼬집을 넣어줍니다.

1 브로콜리는 끓는 물에 2분 정도 데쳐 찬물에 헹
구어 물기를 빼줍니다. 브로콜리를 데쳤던 물에
달걀, 식초 1큰술을 넣고 15분간 삶아주면 완숙
이 됩니다. 달걀은 찬물에 담갔다가 껍질을 벗겨
주세요. 위생팩에 감자, 물 3큰술을 넣고 전자레
인지에서 3분씩 2번을 돌려 감자를 익혀줍니다.
● 전자레인지 사양에 따라 익는 정도가 다르니 2분 정도 더 돌려
도 됩니다.

2 감자는 한김 식혀요. 1의 재료를 듬성듬성 썰어
서 볼에 넣어주세요.

3 2의 볼에 분량의 **사라다소스⁺** 재료를 넣고 잘 섞
어주세요.

아줌마손김치 + 논두렁돼지고기볶음 + 브로콜리감자사라다 + 매콤어묵볶음 등

매콤
애호박볶음

가격도 저렴하고 맛도 좋은 애호박을 매콤하게 양
념해서 볶으면 기존의 애호박볶음보다 훨씬 맛깔
나답니다. 애호박과 양파는 너무 오래 볶지 않는
것이 중요해요. 채소들이 힘이 없을 때까지 볶으
면 금방 물러지고 수분이 빠져나와 보기에 좋지
않고 식감도 떨어진답니다.

○ 애호박 1/2개
○ 양파 1/2개
○ 마늘기름 2큰술 13쪽 참고
양념장+
○ 고춧가루 1작은술
○ 저염간장 2큰술 10쪽 참고
○ 조선간장 1작은술
○ 맛술 1큰술
○ 다진 마늘 약간

1 애호박은 도톰하게 반달모양으로 썰어줍니다.

2 양파도 애호박 두께로 듬성듬성 썰어줍니다.

3 달구어진 팬에 마늘기름 2큰술을 두르고 애호
박, 양파를 넣고 센불과 중불 사이에서 1~2분 정
도 볶아줍니다.

4 약불로 줄이고 잘 섞은 분량의 **양념장+** 재료를
넣고 1분 정도 볶아주세요.
● 양념이 넣으면 약불에서 조리해야 눌어붙거나 타지 않아요.
애호박이랑 양파는 재료의 특성상 열을 받으면 스스로 잘 익기
때문에 오래 볶지 않아도 된답니다.

순두부찌개

오이된장무침

메추리알소고기볶음

순두부찌개

예전에 먹던 순두부찌개 맛이 나지 않아 90세가 넘어 한쪽 귀가 잘 안 들리는 할머니께 또박또박 큰소리로 물어보면서 배운 레시피랍니다. 요 순두부찌개의 맛은 갑 중의 갑이에요. 국물이 꽤 묵직하고 칼칼해 입에 착~ 감기네요. 양념이 밴 순두부를 수저로 살포시 건져 밥에 비벼 먹으면 정말 맛있었어요. 달걀노른자를 터뜨려 먹으면 부드럽고 고소한 맛이 더해지지요.

○ 시판용 길쭉한 순두부 1팩   **순두부양념장⁺**

○ 멸치육수 1컵   ○ 볶음 소고기 2큰술 16쪽 참고

○ 달걀노른자 1개   ○ 마늘기름 1큰술 13쪽 참고

○ 버섯 한 줌   ○ 고춧가루 1큰술

○ 청양고추 1개   ○ 까나리액젓 1큰술

○ 대파 조금   ○ 다진 마늘 1작은술

1 분량의 **순두부양념장**✛ 재료를 미리 배합해줍니다.

2 순두부는 봉지 가운데를 칼로 싹둑~ 잘라서 빈 용기에 담아둡니다. 2~3시간 정도 지나면 두부에서 수분이 꽤 고여요. 수시로 수분을 꼭 제거해주세요.

● 순두부의 수분을 제거해주면 쫀득쫀득해져 양념이 잘 배어 맛있답니다.

3 순두부의 수분이 많이 빠져 사이즈가 줄었네요. 수분이 빠지면 순두부가 모차렐라치즈처럼 쫀쫀하니 잘 풀어지지 않아요. 순두부는 양념장이 사이사이 배이도록 칼로 듬성듬성 잘라주세요.

4 멸치육수는 냄비의 반 정도만 부어줍니다.

5 부재료로 버섯, 대파, 청양고추를 송송 썰어서
넣어줄 거예요.

- 냉장고에 있는 버섯류, 바지락, 굴, 새우, 오징어 등 좋아하는
  재료 어느 것이든 모두 좋습니다. 딱 '한 줌 정도'만 넣어줍니다.

6 순두부 위에 1의 **순두부양념장⁺**을 올려줍니다.
바글바글 끓어오르면 은은한 약불로 줄이고 뚜
껑을 닫고 10여 분 정도 자작하게 끓여줍니다.

- 스테인리스 수저를 꽂고 뚜껑을 닫으면 전혀 넘치지 않아요!

7 10여 분 후 준비한 5의 부재료들을 조금씩 올려
줍니다. 저는 버섯이랑 대파, 청양고추 정도만
곁들여 먹는데 취향에 따라 좋아하는 재료를 넣
어주셔도 됩니다.

8 마지막쯤 달걀노른자 1개를 살포시 올리면 또
다른 맛을 주지요. 노른자는 너무 익히지 말고 1
분 정도만 반숙으로 익히고 불을 꺼줍니다.

오이된장무침

홍새우와 참깨가루를 넣고 무쳐 아주 맛있답니다. 저염간장은 참깨의
풍미를 살려준답니다. 오이 대신 아삭이고추, 청양고추, 일반 고추로
하셔도 맛있어요. 오이와 고추를 반반 섞어서 하셔도 좋아요. 오이무
침을 냉장 보관하면 수분이 많이 생기니 한 끼 먹을 만큼만 만들어서
드세요.

○ 오이 1/2개(아삭이고추도 좋음)
○ 홍새우(또는 두절새우) 한 줌
○ 참깨 2큰술
○ 된장 1작은술
○ 저염간장 1작은술 10쪽 참고
○ 참기름 1큰술

1 오이는 사진처럼 반으로 가르고 듬성듬성 잘라
줍니다.

2 홍새우는 칼로 잘게 다져줍니다.
  ● 가능하면 홍새우는 믹서기에 갈지 마세요.

3 볼에 1의 오이, 2의 다진 홍새우를 넣어줍니다.

4 참깨는 믹서기에 갈아서 넣어줍니다.
  ● 믹서기 대신 깨를 가는 일본절구를 사용하셔도 됩니다.

5 드라이한 홍새우, 참깨가 오이에 잘 흡착되도록
살살 버무려줍니다.
  ● 다진 새우와 깨로 먼저 버무려주면 오이에서 수분이 나오는
  것을 막을 수 있어요.

6 된장 1작은술, 저염간장 1작은술, 참기름 1큰술
을 넣고 무치면 겁나 맛있는 오이된장무침 완
성!
  ● 집에 있는 된장이 건조하고 빡빡하면 꿀 한 방울, 멸치육수
  1작은술을 넣어 부드럽게 풀어주세요.

메추리알
소고기볶음

소고기장조림을 만들기 귀찮을 때 간단하게 만드는 반찬이에요. 저는 이렇게 만드는 게 더 맛있더라고요. 작고 귀여운 메추리알 반찬은 아이들도 잘 먹는답니다. 메추리알을 녹말가루에 묻혀 기름에 볶으면 간장양념이 아주 맛나게 스며들어요.

○ 메추리알 1판
○ 볶음 소고기 3큰술 16쪽 참고
○ 마늘기름 1큰술 13쪽 참고
○ 식초 1큰술
○ 감자녹말가루 1작은술

간장양념+

○ 저염간장 3큰술 10쪽 참고
○ 조선간장 1큰술 반
○ 맛술 2큰술
○ 조청 1작은술

1 메추리알은 조리하기 1시간 전에 상온에 꺼내
놓으세요. 시간이 없으면 체온 정도의 물에 10분
정도 담가놓아요. 바늘이나, 옷핀을 가스 불에
2~3초 달구어 사진처럼 아주 살짝 메추리알을
찔러줍니다.

● 이것을 바늘침이라고 합니다. 노른자까지 가지 말고 아주 살
짝만 찔러주세요. 작은 구멍 사이에 수분이 들어가서 껍질과 알
을 분리하면서 익혀줍니다.

2 물이 팔팔 끓어오르면 식초 1큰술을 넣고 메추
리알을 국자나 계량컵을 이용하여 살포시 넣어
줍니다. 뚜껑을 닫고 5~6분 정도 중불과 약불 사
이에서 삶아줍니다.

3 삶은 메추리알은 찬물에 헹구어 껍질을 벗겨주
세요. 바늘침 효과로 1~2개 정도는 불량이 나오
지만 대부분 깔끔하게 잘 벗겨집니다.

4 3의 메추리알에 감자녹말가루 1작은술을 넣고
살살 버무려줍니다.

● 이 과정은 메추리알에 간장양념이 잘 배이도록 옷을 입혀주는
거랍니다.

5 달구어진 팬에 마늘기름 1큰술을 두릅니다.

6 녹말가루옷을 입은 메추리알을 중불에서 달달~
볶아줍니다.

7 1~2분 정도 볶다 보면 메추리알 표면이 노릇노릇 까슬까슬해졌을 거예요. 바로 볶음 소고기를 넣어줍니다.

8 분량의 **간장양념**+ 재료를 섞어 팬에 부어요.

9 중불과 약불 사이에서 자박자박하게 조리 듯 볶아줍니다.

10 1~2분 정도 볶아 사진과 같은 상태가 되면 불을 끄고 마무리합니다. 양념은 아주 살짝 짭조름한데 장조림보다 염도가 많지 않아요.

순두부찌개 + 오이된장무침 + 메추리알소고기볶음

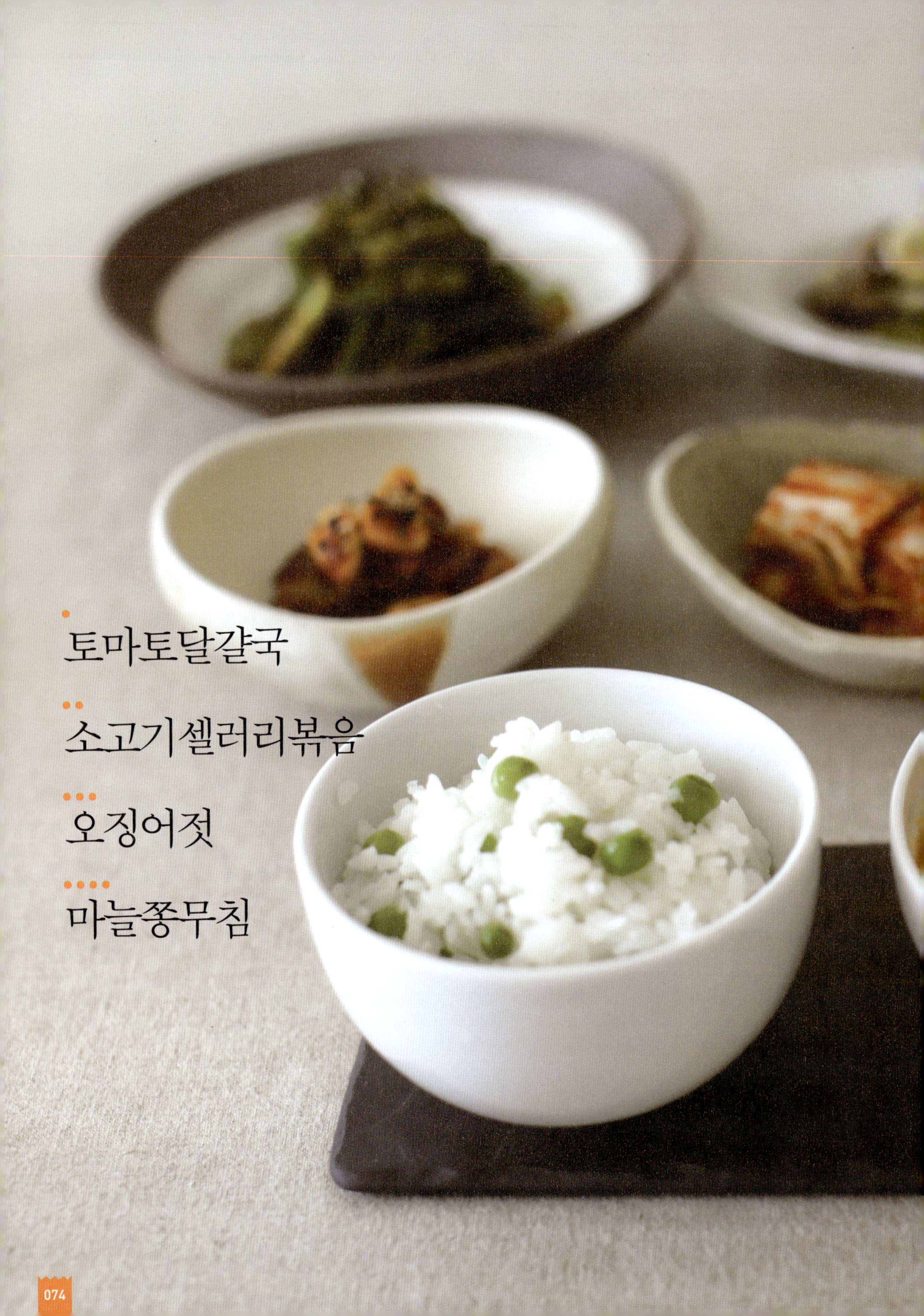

- 토마토달걀국
- 소고기셀러리볶음
- 오징어젓
- 마늘쫑무침

토마토 달걀국

토마토로 국을 끓인다고 하면 그 맛이 이상하지 않을까라고 생각할 수 있지만 생각보다 엄청 맛있어요. 토마토는 생으로 먹는 것 보단 열을 가해서 조리해서 먹는 것이 훨씬 맛있는 것 같아요. 토마토달걀국은 산미와 시원한 맛이 일품이랍니다. 속풀이국으로 그만이지요. 중국에서는 국민 해장국이에요.

(2인 기준)

○ 완숙 토마토 2~3개(작은 것)

○ 달걀 2개

○ 바지락육수(또는 모시조개육수) 3컵

○ 양파 1/2개

○ 마늘기름 1큰술 13쪽 참고

○ 맛술 2큰술

○ 소금 약간

○ 후추 약간

○ 참나물(또는 셀러리잎) 약간

바지락육수+

○ 물 5컵

○ 바지락 3주먹(모시조개는 2주먹 정도)

○ 다시마 2장(주먹 크기)

1 완숙 토마토는 가운데 열십자로 칼집을 살짝 넣고 끓는 물에 1분 정도 데쳐서 찬물에 헹구어줍니다.

2 찬물에 헹구어내면 이렇게 껍질이 홀라당 벗겨져요.

● 이 과정이 귀찮다면 그냥 하셔도 됩니다. 먹을 때 입에 걸리는 껍질은 골라내면 되니까요. ^^

3 토마토는 깍둑썰기 해요.

4 양파는 잘게 다지듯 썰어줍니다.

5 냄비에 3의 토마토, 4의 양파를 넣고 마늘기름 1
큰술을 넣고 센불과 중불 사이에서 달달 볶아줍
니다.

6 볶다보면 토마토에서 달큰한 냄새가 올라옵니
다. 그때 **바지락육수+**를 부어주세요.

● 원래는 닭육수나 치킨스톡을 사용하는데 제가 화학조미료가
들어 있는 치킨스톡을 싫어해서 조개육수를 사용했어요. 조개육
수도 겁나 맛나니 되도록이면 마법의 스톡은 사용하지 마세요.

7 바글바글 끓기 시작하면 뚜껑을 닫고 아주 약불
에서 10여 분간 은은하게 끓여줍니다. 바지락육
수라 기본 간이 살짝 있으니 소금 간은 1/3작은
술 정도 하면 돼요.

8 달걀, 맛술, 소금 2꼬집을 넣어 곱게 풀어서 냄비
위에서 체에 걸러 넣어주면 편하게 줄알을 칠 수
있어요.

9 마지막에 후추, 참나물이나 셀러리잎 또는 양상
추의 파란 부분을 넣어주면 아삭하고 맛있어요.

● 요런 잎채소가 없으면 넣지 않아도 괜찮아요.

소고기
셀러리볶음

소고기를 넣은 셀러리볶음을 좋아해서 자주 해먹는 메뉴
예요. 셀러리의 아삭하고 향긋한 풍미가 간장양념과 궁합
이 아주 좋아요. 소고기셀러리볶음은 인천 용화반점의 인
기 메뉴인데 굴소스를 넣지 않고 저염간장으로 충분히 맛
을 낼 수 있으니 오늘 저녁 메뉴로 어떠세요?

○ 소고기 부채살 150g

   (돼지고기도 좋고, 구이용 소고기는 모두 좋아요)

○ 셀러리 2줄기

○ 양파 1/4개

○ 마늘기름 2큰술 13쪽 참고

○ 소금 2~3꼬집

○ 녹말물(감자녹말가루 1작은술+물 3큰술)

소고기 밑간

○ 생강술 1큰술 16쪽 참고

○ 후추 약간

○ 소금 2~3꼬집

○ 감자녹말가루 2큰술

양념장+

○ 저염간장 3큰술

○ 조선간장 1큰술

○ 조청 1큰술

○ 맛술 2큰술

1 셀러리는 줄기 부분만 사용하겠습니다. 최대한 두껍지 않게 어슷어슷 썰어요.

2 양파는 채썰어줍니다.

3 소고기 부채살입니다.

4 소고기는 가능한 사선으로 가늘게 채썰어줍니다. 그럼 고기가 길게 썰려 잡채처럼 젓가락으로 집어먹기 편하고 맛도 있어요.

5 소고기는 생강술 1큰술, 소금 2~3꼬집, 후추 약간을 넣고 조물조물 밑간을 합니다. 2~3분 후 감자녹말가루 2큰술을 넣고 소고기에 옷을 입혀줍니다.

● 소고기에 녹말가루를 묻혀주면 육즙이 빠져 나오지 않아 더 부드럽고, 양념이 맛있게 스며들도록 도와줍니다.

6 달구어진 팬에 마늘기름 2큰술, 1의 셀러리, 2의 양파를 넣고 센불에서 1~2분 정도 볶아줍니다. 이때 소금 2~3꼬집으로 밑간을 합니다. 채소의 숨이 살짝 죽으면 접시에 따로 담아둡니다.

7 셀러리와 양파를 볶았던 팬에 5의 소고기를 넣고 서로 달라 붙지 않도록 고슬고슬하게 볶아줍니다.

8 7의 소고기가 반 정도 익었다 싶으면 볶아 두었던 6의 셀러리, 양파, 분량의 **양념장+** 재료를 섞어 넣고 중불에서 뒤적여줍니다.

9 꼭 약불로 줄이고 녹말물을 둥글게 원을 그리듯 부어주면 바로 끈적이는 농도가 생길 거예요. 그럼 불을 끈 다음 간을 보고 싱거우면 소금과 후추를 약간씩 넣어줍니다.

● 취향에 따라 깻잎고추기름 1작은술 정도를 곁들여도 좋습니다.

오징어젓

사서 먹는 오징어젓은 너무 짜고, 조미료도 많이 들어가 있어서 젓가락이 가다가도 멈추게 되더라고요. 그래서
화학첨가물 없고, 짜지 않은 오징어젓을 만들어 봤어요. 짠맛 때문에 젓갈을 꺼리셨다면 크고 두툼한 오징어를
사다가 오늘 한번 만들어보세요. 오징어젓은 은근 밥도둑이랍니다.

○ 오징어 2마리(두껍고 큰 것)

○ 굵은 천일염 크게 떠서 1큰술

○ 물엿 1/2컵

○ 통마늘 3~4톨

○ 청양고추 2개

○ 대파 1뿌리

양념+

○ 저염간장 2큰술 10쪽 참고

○ 고춧가루 3큰술

○ 조청 2큰술

○ 다진 마늘 1작은술

1 오징어는 두께가 두껍고 큰 사이즈로 준비하세요. 오징어는 사진처럼 보라색과 검정색을 띄어야 싱싱한 것이에요. 껍질이 하얀색을 띄는 오징어는 이미 사망하고 시간이 좀 지난 것이랍니다.
- 한국식 오징어젓은 가능하면 큰놈으로 구입해야 식감이 좋아요.

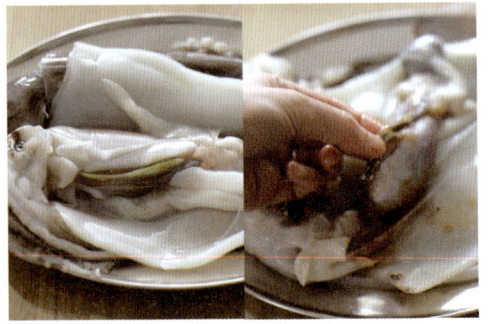

2 오징어는 주방가위로 배를 갈라 내장을 확인하고 터지지 않게 가위를 이용해서 조심스럽게 건어내 줍니다.

3 2의 오징어를 깨끗하게 씻어 키친타월로 물기를 제거해줍니다. 굵은 천일염 1큰술을 오징어 몸에 고루고루 발라줍니다. 그리고 냉장고에서 이틀간 숙성시켜요.

- 예전에는 소금을 2~3큰술 정도를 넣고 짜게 상온에서 숙성시켰는데, 요즘은 냉장시설이 잘 되어 있어서 소금 양을 줄여도 됩니다.

4 2~3일간 김치냉장고에서 숙성시킨 오징어예요.

5 오징어는 껍질을 벗겨서 가늘게 또는 먹기 좋게 채썰어줍니다.
- 오징어 껍질은 벗기지 않아도 돼요.
- 오징어 껍질 벗기는 방법은 268쪽을 참고하세요.

6 채썬 오징어에 물엿 1/2컵을 붓고 가볍게 조물
조물 버무려줍니다.
● 오징어의 염분을 맛나게 빼주기 위해 물엿을 사용했어요. 물
에 담가 염분을 빼는 것보다 간이 똑 떨어지게 빼준답니다. 한번
해 보시고 의심하기!! 울외장아찌나 오이지, 된장에 박아 놓은 무
장아찌 등도 물엿으로 짠맛을 빼주면 아주 맛있어져요.

7 1시간 후 오징어에서 불필요한 수분과 염분이
빠져서 한강이 되었지요? 오징어 하나를 집어서
맛만 보세요. 단맛이 남아 있는지, 아니면 맛나
게 짭조름한 오징어젓 맛인지.

8 오징어는 체에 밭쳐 수분기를 쪽~ 빼줍니다. 물
엿에 절인 오징어는 절대로 물에 헹구지 마세요.

9 마늘은 얇게 편썰기 하고, 대파와 청양고추는 송
송 썰어요.

10 볼에 8의 오징어, 9의 채소, 분량의 **양념+** 재료
를 넣고 버무려줍니다.

11 오징어젓은 이틀 정도 냉장고에서 숙성시켜
드세요. 이틀 후에 맛을 보고 취향에 따라 단
맛과 고춧가루 양을 조절하세요.

마늘쫑무침

국산 마늘쫑은 봄에만 잠시 나오는 귀한 식재료라서 봄이면 다양하게 요리해 먹어요. 장아찌도 담고, 마늘기름에 볶아서 먹고, 된장에 무쳐 먹고, 간장양념에 조려 먹고, 아저씨 스타일로 그냥 된장에 찍어도 먹죠. 오늘은 마늘쫑을 맛있게 무치는 저의 비법을 알려 드릴게요.

○ 마늘쫑 한 줌

○ 감자녹말가루 1큰술

○ 참기름 약간

고추장양념⁺

○ 고추장 1큰술

○ 조선간장 1작은술

○ 조청 1작은술

○ 꿀 1작은술

1 내열볼에 분량의 **고추장양념**+ 재료를 넣고 랩을
씌우고 않고 전자레인지에 30초간 돌려줍니다.
그럼 바글바글 끓어오르면서 양념장이 맛있게
걸쭉해져요.
- 꼭 꿀을 넣어주세요!

2 1의 양념장은 중탕으로 한김 식혀줍니다.

- 양념장을 손가락으로 찍어서 맛을 보세요. 왜 꼭 꿀을 넣고 전자레인
지에 30초 정도 돌려야 하는지 바로 아실 거예요~.

3 마늘쫑은 작게 잡아서 한 줌을 먹기 좋게 잘라줍
니다.

4 3의 마늘쫑은 흐르는 물에 깨끗하게 씻어 체에
밭쳐 물기를 어느 정도 뺀 다음 감자녹말가루 1
큰술을 넣고 고루 묻혀줍니다.

● 녹말가루를 묻혀주면 데칠 때 맛이 빠져 나가지 않고, 고추장
양념이 마늘쫑에 쫙~ 흡착되어 더더더 맛있게 먹을 수 있답니다.
이런 작은 차이가 100배의 맛 차이를 가져다 줄 수 있으니 손이
가더라도 귀찮아 하지 마시고 녹말가루를 입혀 보세요~.

5 팔팔 끓는 물에 마늘쫑을 넣고 30초~1분 정도만
데쳐 바로 찬물에 담가 여열이 남지 않도록 식혀
줍니다.

6 마늘쫑은 체에 밭쳐 물기를 빼줍니다. 녹말이 투
명해서 마늘쫑에 붙어있는지 물에 씻겨 나갔는
지 사진으로는 잘 안보이죠? 감자녹말가루가 마
늘쫑에 투명하게 다 붙어 있답니다.

7 6의 마늘쫑에 2의 **고추장양념**을 넣고 살살 버무
려주세요. 마지막에 참기름을 살짝 곁들여주면
더 좋아요.

● 양념을 무치고 2시간이 지난 사진이에요. 양념이 그릇 밑으로 흘러
내리거나 고이지 않았죠? 마늘쫑에 양념이 딱 달라붙어 얼마나 맛있을
지 상상이 가시죠?

얼큰짜글이찌개

홍새우마늘쫑볶음

김장아찌

얼큰
짜글이찌개

얼큰짜글이찌개는 입맛 없는 날 밥반찬은 물론 소주 안주로도 좋아요. 고소한 대패삼겹살과 두부 그리고 얼큰한 양념이 마법의 맛을 만들어 낸답니다. 어떤 날은 차돌박이로 끓이고, 어떤 날은 냉동 대패삼겹살로 끓이는데 둘 다 너무 맛있어요. 식구들 반응이 좋아서 먹은지 며칠이 지나기도 전에 다시 끓이게 될 거예요.

 (2인 기준)

○ 두부 1모(부침용)

○ 냉동 대패삼겹살 2~3줌

○ 굵은 대파 2뿌리(날씬한

　대파는 2~3뿌리)

○ 양파 1/4개

○ 진한 멸치육수 1컵

돼지고기 밑간⁺

○ 생강술 2큰술 16쪽 참고

○ 후추 약간

짜글이양념장⁺

○ 진한 멸치육수 1/2컵

○ 고춧가루 3큰술

○ 저염간장 3큰술 10쪽 참고

○ 까나리액젓 1큰술

○ 생강술 1큰술 16쪽 참고

○ 다진 마늘 1큰술

● 고기 양이 많아서 싱겁다 싶으면
까나리액젓 1작은술을 추가하세요.

1 분량의 **짜글이양념장**+ 재료를 미리 배합해줍니다.

2 굵은 대파는 많다 싶을 정도로 듬뿍 송송 썰어줍니다. 양파는 잘게 썰어줍니다.

3 냉동 대패삼겹살은 녹기 전에 듬성듬성 잘게 썰어 생강술 2큰술, 후추 약간을 넣고 잡내를 잡아줍니다.

4 두부는 짜글이찌개를 끓이기 1시간 전에 오목한 그릇에 담아두면 소주잔 1개 정도의 수분이 빠져요. 시간이 없으면 그냥 하셔도 됩니다.
● 두부를 사오자마자 찬물에 담가두고 하루에 한 번씩 물을 갈아주면 유통기한 보다 일주일 정도 더 길게 보관할 수 있어요.

↓1/2

5 두부는 가로세로로 촘촘하게 벌집 모양으로 칼집을 넣어줍니다(두부 높이의 1/2지점까지만). 칼집을 큼직하게 넣으면 양념이 잘 스며들지 않으니 꼭 촘촘하게 벌집 모양으로 넣어주세요.
● 두부는 도마보다 접시 위에서 칼집을 넣어야 뚝배기에 담기 편해요.

6 두부가 눌어붙지 않도록 뚝배기에 2의 양파와 대파를 한 줌 깔아줍니다.

7 6의 양파와 대파 위에 5의 두부를 조심스럽게 올리고 1의 **짜글이양념장**+ 2~3큰술을 두부에 발라줍니다.

8 대파를 한두 줌 올리고, 3의 대패삼겹살을 올리고, **짜글이양념장**+ 2~3큰술을 올려요.

● 가능하면 2인 양념장을 다 넣어주세요~ 많이 짜지 않습니다.

9 진한 멸치육수는 뚝배기의 2/3까지만 부어줍니다.

10 스테인리스 수저 하나를 뚝배기에 꽂고 뚜껑을 비스듬하게 닫고 약불에서 10여 분간 짜글짜글 끓여줍니다.

● 간이 싱거우면 남은 짜글이양념장 1큰술을 넣어주세요.

홍새우
마늘쫑볶음

마늘쫑은 새우나 멸치를 넣고 볶은 다음 간장 양념에 조리면 제일 맛
있는 것 같아요. 오늘 소개하는 조림장으로 조리면 짜지도 싱겁지도
않은 똑 떨어지는 간에 놀라 '브라보'를 외치게 될지도 몰라요~. 마늘
기름을 넣고 볶아 풍미까지 끝내준답니다.

○ 마늘쫑 한 줌
○ 홍새우 2줌
○ 마늘기름 2큰술 13쪽 참고
○ 천일염 2~3꼬집
조림장+
○ 저염간장 2큰술 10쪽 참고
○ 조선간장 1작은술
○ 조청 1작은술
○ 맛술 1큰술
○ 생강술 1큰술 16쪽 참고

1 분량의 **조림장**+ 재료를 미리 배합해줍니다.

2 요만큼이 마늘쫑 한 줌이에요. 마늘쫑은 깨끗하게 씻어서 손가락 마디 길이로 잘라줍니다. 홍새우도 준비해줍니다.

3 팬에 마늘기름 2큰술을 두르고 불을 켜줍니다. 중불에서 팬을 비스듬하게 기울여서 마늘을 은은하게 볶아줍니다.

4 마늘기름에서 향긋한 풍미가 올라오면 마늘쫑을 넣고 중불에서 1~2분간 볶아줍니다. 이때 천일염 2~3꼬집을 넣어 밑간을 합니다.

5 1~2분 후 홍새우를 넣고 30초 정도 볶아 접시에 따로 담아둡니다.

6 5의 마늘쫑을 볶았던 팬에 1의 **조림장**+을 붓고 바글바글 끓어오르면 5의 마늘쫑과 홍새우를 넣고 중불에서 조림장이 자박자박해지도록 조려줍니다. 너무 바싹 조리지 말고 살짝 촉촉할 때 불을 꺼주세요.

김장아찌

짜지 않아 아이들도 잘 먹고, 어른들도 좋아하는 아주 고급진 반찬이에요. 김장아찌는 파래김이나 돌김으로 만들면 다 풀어져서 곤죽이 된답니다. 그러니 꼭 김밥용 구운 김으로 만드세요. 그래야 김 특유의 비린 맛도 덜하답니다. 제가 두 가지 모두 해봤으니 믿고 해보세요.

○ 김밥용 구운 김 40장

○ 다시마 한 조각

○ 마른 고추 1/2개

○ 참깨 적당량

● 꼭 김밥용 구운 김입니다. 재래김이랑 김밥용 구운 김 모두 해봤는데 김의 비린맛과 살짝 풀어지는 것을 보완해주는 건 '김밥용 구운 김'이에요.

간장물+

○ 저염간장 1컵

○ 조선간장 1/4컵

○ 맛술 1/4컵

○ 청주 1/4컵

○ 조청 1/2컵

○ 진한 다시마육수 1/2컵

1 냄비에 분량의 **간장물+** 재료를 넣고 와르르 끓여줍니다.

2 불을 끄고 다시마 한 조각과 가늘게 썬 마른 고추를 넣어줍니다. 다시마가 간장물에 엉기도록 뚜껑을 닫고 30분 정도 그대로 두었다가 다시마를 건져냅니다. 간장물을 찬물에 중탕으로 완전히 식혀줍니다.

● 마른 고추가 없으면 넣지 않아도 돼요.

3 김은 밥숟가락 크기로 먹기 좋게 잘라줍니다. 밥반찬으로 먹는 장아찌라서 너무 크게 자르면 먹기 불편해요.

4 자른 김을 밀폐용기에 담고 완전히 식은 2의 간장물을 천천히 조금씩 부어줍니다.

5 간장물을 붓고 손가락으로 김의 양끝과 중앙을 살포시 눌러서 간장물이 스며들도록 도와줍니다. 간장물을 붓고 그냥 두면 나중에 김이 쪼그라들어서 못난이 곰보빵이 된답니다.

● 건조되었던 마른 김이 시간이 지나면서 간장물을 야금야금 먹으니 사진처럼 간장물을 넉넉하게 붓고 10여 분간 그대로 둡니다.

6 이제 작은 반찬통에 김을 각 잡아 보관할게요. 5의 김을 5장 정도 건져 반찬통에 넣고 참깨를 솔솔 뿌려줍니다. 꼭 간장물을 잘박하게 잠길 정도로 부어줍니다.

● 차곡차곡 참깨를 뿌려서 보관하면 얌전하고 기품 있어 보여요.

경상도식콩나물묵국

옛날제육볶음

뚝배기달걀찜

무말랭이무침

경상도식
콩나물뭇국

콩나물에 무를 넣고 끓이면 국물 맛이 훨씬 더 시원해져요. 감기 기운이 있을 때 끓여 먹으면 감기가 뚝 떨어지는 것 같고, 술 마신 다음 날이면 속을 완전히 풀어주는 국이랍니다. 무는 소화가 잘 되서 어르신들에게도 좋아요. 차갑게 보관해 냉국으로 먹어도 맛있어요.

○ 콩나물 1/2봉지(마트 기준)
○ 무 1토막(주먹 크기)
○ 멸치육수 4컵
○ 통마늘 1톨
○ 참기름 1큰술
○ 소금 1/2작은술

1 무는 너무 가늘게 않게 채썰어주세요.

2 콩나물은 깨끗하게 씻어서 준비해줍니다.

3 냄비에 콩나물과 무를 가지런히 넣고 마늘도 큼
직하게 편으로 썰어 가지런히 넣어줍니다.

● 맑은 국엔 다진 마늘보다 통마늘을 편으로 썰어 넣어주면 국물이 깔
끔하고 담백해요.

4 냄비에 멸치육수 4컵을 붓고 뚜껑을 열고 센불에서 끓여주세요.

5 끓어오르면서 거품이 올라오면 살포시 걷어내고 딱 5분만 더 끓여줍니다.

6 소금 1/2작은술, 참기름 1큰술을 넣고 불을 끈다음 뚜껑을 닫고 20~30분 정도 뜸을 들여요.

7 이렇게 센불에서 5분만 끓이고 뜸을 들이면 무가 부서지지 않고 '냄비의 중심압'으로 익어서 무의 식감과 단맛이 살아있어 맛있답니다.

●20~30분 후 한김 식혀서 냉장고에 넣어두고 냉국으로 드셔도 아주 맛있어요.

옛날
제육볶음

저는 제육볶음에 고추장을 넣지 않아요. 고춧가루와 다른 양념들을 미리 배합하고 끓는 물에 목욕한 돼지고기로
제육볶음을 하면 맛이 아주 깔끔합니다. 기름지고 무거운 양념 맛이 아니라서 가정에서 편하게 드실 수 있어요.
촉촉한 제육볶음을 좋아하면 멸치육수를 조금 넣어주세요.

 (2~3인기준)

○ 돼지고기 앞다리살 400g

○ 양파 1개

○ 대파 1뿌리

○ 오일 1큰술

○ 생강술(또는 청주) 2큰술 16쪽 참고

○ 후추 약간

양념장✚

○ 고춧가루 4큰술

○ 저염간장 4큰술 10쪽 참고

○ 조선간장 2큰술

○ 다진 마늘 1큰술

○ 맛술 2큰술

○ 조청 1큰술

○ 마늘기름 1큰술 13쪽 참고

● 마늘기름이 없으면 오일을 넣으세요.

1 분량의 **양념장**+ 재료를 미리 배합해줍니다.
● 마늘기름이나 오일은 꼭 1큰술을 넣어줍니다.

2 양파와 대파는 먹기 좋게 잘라줍니다. 양념이 강할 땐 양파나 대파는 큼직하게 썰어주는 것이 좋습니다.

3 볼에 돼지고기를 넣고 팔팔 끓인 물 4~5컵을 부어요.

4 젓가락으로 5~6번 저으면서 고기의 잡내와 핏물을 빼줍니다. 2분 후 돼지고기를 찬물에 헹구고 손으로 물기를 쫙~ 짜줍니다.

5 달구어진 팬에 오일 1큰술을 두르고 4의 돼지고기, 생강술 2큰술, 후추 약간을 넣고 고슬고슬하게 볶아줍니다.

6 돼지고기가 반쯤 익어갈 무렵 2의 대파와 양파를 넣고 함께 볶아줍니다.

7 돼지고기가 거의 다 익었을 쯤 1의 **양념장**➕을 넣고 중불과 약불 사이에서 양념이 아우러지도록 볶아주세요.

●센불에서 볶으면 양념이 탈 수 있으니 중불과 약불 사이에서 볶으세요. 볶을 때 콜록콜록 기침이 나오면 오늘 제육볶음은 대성공!!
●이때 멸치육수 2/3컵을 붓고 볶으면 국물이 자박한 제육볶음이 됩니다.

뚝배기
달걀찜

쉬울 거 같으면서도 막상 만들어 보면 은근히 성공하기 어려운 뚝배기 달걀찜. 뻑뻑하지도 않고 보들보들한 달걀의 식감과 촉촉한 국물이 적당히 어우러졌어요. 제육볶음이랑 궁합이 잘 맞는 반찬이랍니다. 달걀찜은 새우젓국물로 간을 맞추는 것이 소금으로 간을 하는 것보다 훨씬 감칠맛이 난답니다.

○ 달걀 3개
○ 멸치육수 1컵
○ 새우젓국물 1작은술
○ 맛술 2큰술
○ 참기름 1큰술

1 달걀은 조리하기 1시간 전에 꺼내 놓으세요. 시간이 없으면 체온 정도의 물에 10여 분간 담갔다가 사용해요.

● 좀 번거롭지만 달걀을 미리 상온에 꺼내놓았다 사용하면 달걀 껍질에 딱~ 붙어있는 흰자를 깔끔하게 분리할 수 있어요.

2 볼에 1의 달걀, 맛술 2큰술을 넣고 거품기로 곱게 풀어서 체에 걸러주세요.
● 일식 달걀찜이 아니라면 굳이 체에 걸러내지 않아도 돼요. 거품기로 50번 정도만 디테일하게 저어주세요.

3 뚝배기에 달걀찜을 할 때는 꼭 참기름 1큰술을 뚝배기 바닥에 발라줍니다.
● 이렇게 하면 설거지 할 때 아주 편해요. 깜빡하면 곤란해요.

4 뚝배기에 멸치육수를 붓고 새우젓국물 1작은술(새우젓이 없으면 소금 1/3작은술)을 넣어주세요.

5 멸치육수가 끓기 시작하면 달걀물에 붓고 윙윙~ 잘 저어줍니다. 뚜껑을 닫고 아주 약불에서 4~5분 정도 뜸을 들여 바로 식탁으로 GO!

무말랭이
무침

무말랭이는 반찬이 많은 날엔 찬밥 신세지만, 반찬이 없을 땐 인기쟁이 밥도둑이랍니다. 무말랭이는 갓 지은 밥에 올려 먹으면 오독오독 씹히는 식감이 아주 꿀맛이랍니다. 은근 밥도둑이고 은근 까다로운 무말랭이무침 비법을 소개합니다.

○ 무말랭이 3.5~4컵

간장물⁺

○ 저염간장 1컵 **10쪽 참고**

○ 까나리액젓 1/4컵

○ 조선간장 1/4컵

○ 맛술 1/4컵

○ 조청 1/2컵

양념장⁺

○ 간장물 1/2컵

○ 고춧가루 1/2컵

○ 꿀 2큰술

1 냄비에 분량의 **간장물**✛ 재료를 넣고 끓여주세요.
 ●시간이 지나면서 시큼하게 숙성되게 도와주는 '간장, 액젓'이 들어가기 때문에 꼭 끓여서 발효가 되지 않도록 양념을 만들어야 해요. 그래서 무말랭이엔 마늘, 생강, 파 등의 향신채는 들어가지 않아요.

2 간장물이 끓어오르면 불을 끄고 간장물 1/2컵 (100ml)을 따로 담아둡니다.
 ●까먹지 말고 꼭 덜어내세요.

3 간장물이 뜨거울 때 고춧가루를 넣어주면 끈적끈적 끈기가 금방 생길 거예요. 고춧가루가 불어나도록 30분 정도 그대로 둡니다.

4 무말랭이에 물을 넉넉히 붓고 딱 10분만 불려줍니다.
 ●깜박하고 30분~1시간씩 방치하면 라면처럼 띵띵 불어터져서 무말랭이의 생명인 꼬들꼬들한 식감이 없어지고 양념도 짱짱하게 배이지 않아 폭삭(?) 망해요.

5 딱 10분만 불린 무말랭이는 10번 정도 깨끗한 물을 갈아가면서 빡빡 주물주물 씻어 온 힘을 다해 물기를 꽉~ 짜주세요.

6 무말랭이에 2에서 미리 덜어 낸 간장물 1/2컵을 넣고 조물조물 밑간을 하고 10여 분간 그대로 둡니다.

7 무말랭이에 3을 넣고 조물조물 버무려줍니다. 양념장이 많다 싶지만 무말랭이는 양념이 과할 정도로 넉넉해야 해요. 이때 꼭 꿀 2큰술을 넣어 주세요.

● 조청이나 물엿은 끓이거나 조려서 먹는 양념에 넣고, 마지막에는 '꿀'을 넣어야 해요. 그래야 양념이 가라앉지 않고 윤기도 나고 촉촉하고, 오랫동안 보관할 수 있게 도와줘요.

8 조물조물 버무리고 나면 사진처럼 양념장이 자박자박하게 나와야 아주 잘 된 거예요.

● 무말랭이가 냉장고 안에서 저 양념을 야금야금 다 흡수하지요. 일주일만 지나도 저 양념이 반은 줄어있을 거예요.

시락국

닭고기양상추쌈

부추대패삼겹말이

볶은대파달걀말이

시
락
국

시락국은 시래깃국의 경상도 사투리인데, 할머니가 시락국이라고 하
시니 저도 그렇게 부르게 되네요. 하루 꼬박 정성이 들어가는데도 끓
이게 되는 시락국. 들깻가루가 너무 과하게 들어가도 안 되고, 된장의
기운이 너무 강해도 안 돼요. 내 위장을 살랑살랑 토닥토닥 만져주는
순둥이 같은 느낌과 밸런스가 공존해야 해요. 청양고추를 다져서 곁
들여 먹으면 더 맛있답니다.

○ 삶은 시래기 두 주먹
○ 멸치육수 4~5컵
○ 된장 1큰술
○ 들깻가루 2큰술
○ 청양고추 1개

1 건시래기는 1시간 정도 불려 여러 번 씻은 다음 큰 솥에 시래기가 잠길 정도의 물을 붓고 끓기 시작하면 뚜껑을 닫고 40~50여 분 약불에서 은은하게 삶아줍니다. 삶은 시래기는 찬물에 여러 번 헹구어 물기를 꽉~ 짜서 한 번 먹을 만큼씩 소분해서 종이호일에 싸서 냉동 보관하세요.

2 냉동해둔 시래기는 시락국을 끓이기 하루 전날 냉장 해동하고 찬물에 30여 분 담가 시래기의 군내와 아린 맛을 빼줍니다.

3 2의 시래기는 물기를 꽉~ 짜서 먹기 좋은 크기로 잘라줍니다. 들깻가루 1큰술, 된장 1큰술을 넣고 조물조물 무쳐줍니다.

4 냄비에 멸치육수 4~5컵을 붓고 3의 밑간한 시래기를 넣고 끓이다가 바글바글 끓기 시작하면 수저 하나를 꽂고 뚜껑을 닫고 아주아주 약불에서 30여 분간 뭉근하게 끓여줍니다.

5 30분 후 간을 보고 심심하다 싶으면 된장 1작은술을 살짝 더하고, 고소한 풍미를 위해 들깻가루 1큰술을 더 넣고 3~4분 정도 더 끓여줍니다.

6 마지막에 청양고추를 송송 썰어 넣고 불을 끄고 마무리합니다.

● 청양고추의 개운하게 매운맛이 시락국을 더욱더 깔끔하고 담백하게 해줘요.

닭고기
양상추쌈

각종 요리 프로그램이나 레시피에서 들어보셨겠지만 쯔유는 일본식 간장이에요. 다시마와 가쓰오부시를 우려낸 육수에 간장과 맛간장을 넣어 만든 것이지요. 쯔유는 많이 짜지 않고 살짝 짭조름해서 채소랑 먹으면 더 맛있어요~. 제가 했지만 요거 겁나 맛있어요! 아이들과 여자들이 딱 좋아하는 맛이랄까요~.

○ 닭고기 다리살 정육 3장

○ 양상추 1/4개

○ 양파 · 애호박 · 대파 · 마늘쫑 조금씩
  (냉장고 자투리 채소 모두 가능)

○ 청양고추 2개

○ 쯔유간장 4큰술 11쪽 참고

○ 마늘기름 1큰술 13쪽 참고

○ 소금 3~4꼬집

○ 후추 약간

닭고기 밑간+

○ 생강술(또는 청주) 2큰술 16쪽 참고

○ 소금 2~3꼬집

○ 후추 약간

● 쯔유간장이 없을 경우
저염간장 3큰술, 조선간장 1큰술, 맛술 1큰술, 조청 1큰술을
잘 섞어주세요. 요렇게 해도 기본 맛 보장입니다~!

1 닭고기 다리살 정육은 생강술 2큰술, 소금 2~3
꼬집, 후추 약간으로 밑간하고 냉동실에서
30~40분 얼려줍니다.

● 타이머 맞추어 놓으세요. 까먹으면 큰일 나요.

2 1의 닭고기가 썰기 쉽게 얼려졌을 거예요. 아주
잘게 깍둑썰기 해줍니다.

3 애호박, 양파, 마늘쫑, 대파, 청양고추를 닭고기
처럼 잘게 깍둑썰기 하세요.

● 채소는 냉장고에 있는 것을 활용하세요. 가지, 새송이, 양배추
등 냉장고를 보시고 선택하세요~.

4 팬에 마늘기름 1큰술을 두르고 양파, 마늘쫑을
먼저 볶다가 나머지 채소를 다 넣고 센불에서
1~2분 정도만 아삭아삭한 식감이 있게 볶아줍
니다. 이때 소금 3~4꼬집, 후추 약간을 넣어 간
을 해요. 볶은 채소는 큰 접시에 따로 담아둡니
다.

5 채소를 볶았던 팬에 2의 손질한 닭고기를 넣고 센불에서 수분이 없어질 때까지 고슬고슬하게 볶아줍니다.

6 쯔유간장 4큰술을 넣고 고슬고슬하게 조려주세요. 간을 보고 좀 더 짭조름한 것이 좋으면 쯔유간장 1큰술을 더 넣으세요.

7 4의 볶은 채소를 담은 접시 위에 닭고기를 올려요.

8 양상추를 살포시 곁들여내세요.

부추
대패삼겹말이

바삭바삭하게 구운 기름진 대패삼겹살과 풋풋하고 아삭아삭한 부추가 어우러져 정말 맛있는데, 곁들이는 쯔유소스가 화룡정점이에요. 부추대패삼겹말이는 냉장고에 남아 있는 부추를 한방에 해결할 수 있는 메뉴입니다. 부추 대신 양파를 넣어도 아주 맛있답니다. 상에 낼 때는 먹기 좋게 반으로 잘라 담아내세요.

○ 대패삼겹살 한 움큼
○ 부추 한 줌
쯔유소스 +
○ 쯔유간장 3큰술 11쪽 참고
○ 레몬소금 1큰술 12쪽 참고
○ 양조식초 1작은술
○ 청양고추 1개(취향에 따라)
● 쯔유간장과 레몬소금이 없으면, 저염간장 2큰술, 양조식초 1큰술, 설탕 1/2작은술을 추가하세요.

1 냉동된 대패삼겹살 한 움큼을 꺼내 해동해줍니다. 10분이면 사르르 녹아요~!
● 대패삼겹살은 활용도가 높아서 늘 냉동실에 쟁여 놓는 재료예요.

2 고기가 해동되는 동안 부추를 깨끗이 씻어 대패삼겹살 길이로 잘라줍니다.

3 대패삼겹살 위에 부추를 올려 돌돌 말아주세요. 이때 길이가 긴 대패삼겹살은 1줄로 말아주고, 길이가 짧은 대패삼겹살은 한 번 말고 다른 고기로 또 말아줍니다. 총 2번!

● 가끔 이웃님들이 왜 저처럼 탄탄하게 구워지지 않고 다 풀어지냐고 물어보시는데 그런 경우 100% 시판용 햄베이컨이나 일반 삼겹살을 사용했더라고요. 꼭 대패삼겹살로 하세요.

4 달군 팬에 기름을 두르지 않고 3을 앞뒤로 노릇하게 구워주세요. 굽다보면 삼겹살에서 기름이 자르르~ 나옵니다. 키친타월로 닦아가면서 구워주세요~!
● 너무 오래 굽지 말고 대패삼겹살이 익었다 싶으면 빨리 건져내세요.

5 분량의 **쯔유소스+** 재료를 섞어 곁들여내세요. 취향에 따라 청양고추를 송송 썰어 넣으세요.

볶은대파
달걀말이

초보 주부님들이 의외로 잘 못하는 반찬 중에 하나가 달걀말이인 것
같아요. 달걀말이는 처음부터 끝까지 욕심부리지 않고 약불에서 천
천히 하면 누구나 예쁘게 만들 수 있답니다. 대파와 쯔유간장이 차원
이 다른 마법의 달걀말이를 만드네요. 게다가 파를 싫어하는 아이들
도 잘 먹으니 강력 추천합니다.

○ 대파 1뿌리(중간 크기)
○ 달걀 2개
○ 마늘기름의 기름만 1작은술 13쪽 참고
○ 쯔유간장 1큰술 11쪽 참고
○ 소금 2~3꼬집
○ 맛술 1큰술

1 달걀은 소금 2~3꼬집, 맛술 1큰술을 넣고 곱게 풀어줍니다. 대파는 송송~ 썰어줍니다.

2 달구어진 팬에 마늘기름의 기름만 1작은술을 두르고 대파, 쯔유간장을 넣고 센불에서 1~2분만 후다닥~ 볶아냅니다.

● 대파는 더 넉넉히 넣어도 좋습니다. 이 달걀말이는 대파가 포인트입니다~!

3 달걀말이를 잘하는 방법은 달구어진 팬에 기름을 약간 두르고 무조건 약불에서 하는 것입니다. 달걀물을 조금 붓고 달걀이 반 정도 익어갈 때 볶은 대파를 올려줍니다.

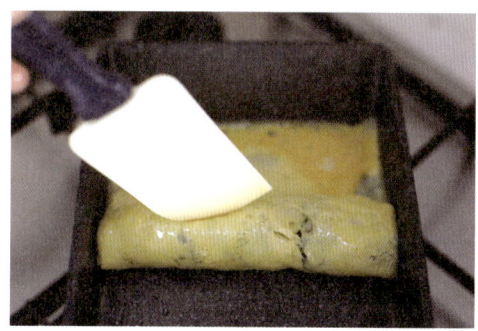

4 달걀을 돌돌돌 말아주세요.

5 달걀물을 다시 붓고 다시 돌돌돌 말아주면 끝~!

● 완성된 달걀말이는 뜨거울 때 썰면 옆구리가 터지기 쉬우니 초보 주부님은 꼭 한김 식힌 다음 썰어주세요. 요리 좀 하시는 분들은 뜨거울 때 썰어도 됩니다~.

소고기국

양파돼지고기말이

경상도식 고추장물

일식 달걀찜

소고기국

집에 있는 재료들로 간단하게 끓였지만 진짜 보양국이에요. 소고기는 어디로 갔는지 몰라도 소고기국 맛이 틀림없답니다. 저녁에 퇴근하고 돌아온 남편에게 지친 몸과 마음을 풀어줄 수 있는 얼큰하고 시원한 국 한 사발을 내놓으면 아주 좋아할 거예요. 국을 끓이는 마지막쯤에 찬물에 충분히 불린 당면을 넣어주셔도 좋고, 아침식사로 떡국 떡을 넣고 끓여도 맛있어요.

 (2~3인 기준)

○ 무 한 토막(어른 주먹 크기)
○ 대파 2~3뿌리
○ 통마늘 5~6톨
○ 볶음 소고기 5~6큰술 16쪽 참고
○ 고춧가루 2큰술
○ 조선간장 1큰술
○ 참기름 2큰술
○ 멸치육수 4~5컵
○ 소금 약간

1 냉동실에 있던 볶음 소고기는 1시간 전에 꺼내 놓아요.
  ● 얼려 놓은 소고기를 미리 꺼내 놓지 못했으면 중탕으로 해동 하세요. 10분이면 된답니다.

2 대파는 좋아하는 스타일로 호방하게 썰고, 무는 살짝 두껍게 나박썰기 하고, 마늘은 살짝 두껍게 편썰기해요.

3 냄비에 손질한 1~2의 재료들을 모두 넣고 고춧 가루 2큰술, 조선간장 1큰술을 넣고 고루 섞이도 록 잘 뒤적여줍니다.

4 3의 냄비를 가스불에 올리고 참기름를 넣고 중 불과 약불 사이에서 2분 정도 볶아줍니다.
  ● 고춧가루가 들어가면 약불에서 볶아주세요.

5 멸치육수 4~5컵을 부어줍니다. 소고기국이 와 르르~ 끓기 시작하면 뚜껑을 닫고 스테인리스 수저 하나를 꽂고 아주 약불에서 30여 분간 뭉근 하게 끓여줍니다.
  ● 가정에서 끓이는 고깃국은 고기 양이 턱없이 부족하기 때문에 꼭 멸치육수로 감칠맛을 더해줘야 해요.

6 30분 후 이렇게 잘 끓여졌어요. 간을 보고 싱거 우면 소금을 약간 더하고, 취향에 따라 후추를 약간 추가하고 마무리합니다.

양파
돼지고기말이

바삭바삭하게 구운 돼지고기와 돼지의 맛난 기름에 익혀진 양파가
아삭아삭하면서도 달달해요. 바삭한 돼지고기 맛도 좋지만 양파를
세상에서 제일 맛있게 먹을 수 있어서 양파를 좋아하는 남편을 위해
서 자주 하게 되는 메뉴랍니다. 돼지고기는 꼭~ 대패삼겹살을 사용
하세요. 다른 건 잘 풀어져요.

○ 냉동 대패삼겹살 2줌
○ 양파 1개(중간 크기)
○ 깻잎 조금
○ 소금 · 후추 약간씩

● 깻잎 대신 봄나물인 곰취나 곤달비를 이용해도 된답니다.

1 냉동된 대패삼겹살을 꺼내두면 10여 분 후 자연
스럽게 해동됩니다.

2 양파는 반으로 나누고, 깻잎도 반으로 잘라줍
니다.

3 양파는 사진처럼 사선으로 6등분해 썰어요.

4 깻잎 위에 3의 양파 한 개를 올려 말아주세요.

5 4를 대패삼겹살로 한 번 더 말아줍니다.

6 한 번은 풀어질 수 있으니 단단하게 총 2번 말아
주면 됩니다.

7 다 말아진 대패삼겹살에 소금과 후추를 약간 뿌
려 밑간을 합니다.

8 달구어진 팬에 7을 넣어줍니다. 고기를 올렸을
때 치익~ 소리가 나면 오케이! 중간 중간 앞뒤,
옆으로 돌려가면서 바삭하고 노릇하게 구워줍
니다.

9 마지막쯤 약불로 줄이고 양파 속까지 익도록 뚜
껑을 닫고 2~3분 정도 구워 마무리합니다.

경상도식
고추장물

고추장물은 된장으로 하기도 하고 고춧가루와 고추장으로 하기도 해요. 여러 가지 버전이 있지만 저는 저염간장으로 만든 고추장물이 제일 맛있는 것 같아요. 딱 어른들의 밥도둑 반찬이에요. 김밥에 넣어도 좋고, 쌈에 곁들여 먹어도 좋답니다. 제일 맛있게 먹는 방법은 갓 지은 하얀 밥 위에 살포시 올려 먹는 거랍니다.

○ 청양고추(또는 풋고추) 5~6개
○ 국물용 멸치 한줌
○ 마늘기름 2큰술 13쪽 참고
조림장+
○ 저염간장 2큰술 10쪽 참고
○ 조선간장 1큰술
○ 조청 1큰술
○ 맛술 1큰술
○ 다진 마늘 1작은술

소고기국 + 양파돼지고기말이 +
경상도식 고추장물 + 일식 달걀찜

1 화끈하게 매운맛을 좋아하면 청양고추로, 매운맛에 약하면 청양고추 1~2개와 나머지는 풋고추를 사용하세요. 고추는 송송 썰고, 멸치는 내장과 머리를 제거하고 주방가위로 잘게 잘라줍니다.
● 멸치는 칼로 썰면 잘 안돼요. 가위로 잘라주세요!

2 분량의 **조림장+** 재료를 잘 섞어주세요. 고추장물은 살짝 짭조름해야 맛있기 때문에 양념을 살짝 간간하게 배합했어요.

3 팬에 마늘기름 2큰술을 두르고 1의 멸치와 고추를 넣고 중불에서 살짝 볶아줍니다.

4 볶다보면 맵싸한 풍미가 확~ 올라올 거예요. 그때 2의 **조림장+**을 붓고 자박자박하게 조리면 됩니다. 조림장이 자박자박할 때 불을 꺼주세요.

일식
달걀찜

제가 아침식사 대용으로 내놓는 초간단 전자레인지 달걀찜입니다. 요렇게 만들어 놓으면 어느 누구도 전자레인지로 일식달걀찜을 했다고 생각하지 못해요. 집에 놀러온 손님들에게 내놓았는데 너무 부드럽고 매끈하다고 칭찬하셨어요. 전자레인지에서 했다고 하니 눈이 휘둥그레져서 레시피를 적어가셨답니다.

(1~2인 기준)

○ 멸치육수 1컵
○ 달걀 2개(중간 크기)
○ 연두부 조금
○ 천일염 2~3꼬집

● 연두부가 없으면 일반 두부를 조금 넣어도 됩니다.

1 달걀을 풀고 소금 간을 살짝 해요. 멸치육수가
진하면 천일염 2~3꼬집, 멸치육수가 은은하면
3~4꼬집을 넣어 취향에 따라 간 조절을 하세요.

2 달걀물을 체에 걸러줍니다. 걸러내면 하얀 알끈
이 나오는데 고민하지 말고 버리세요.

3 2에 멸치육수를 붓고 달걀이랑 잘 섞이도록 저
어주고, 체에 한 번 더 걸러줍니다.

● 육수를 배합하고 체에 걸러주면 달걀찜이 더 곱게 나옵니다.

4 작은 내열볼에 3의 달걀물 100ml를 붓고 연두부
2작은술을 넣어줍니다. 랩을 반드시 느슨하게
씌워줍니다.

5 큰 내열볼에 물 1/3컵을 넣고 4의 달걀물을 넣은
작은 내열볼을 넣어줍니다. 중탕으로 익히는 거
예요. 전자레인지에 내열볼을 넣고 1분 30초씩 3
번을 돌려줍니다.
● 귀찮다고 한 번에 4~5분을 돌리면 절대 매끄럽고 부드러운 달
걀찜은 나오지 않아요! 전자레인지 사양에 따라 상태를 보면서
30초 정도 가감하세요.

고추장찌개
레몬소금닭날개조림
미역초무침

고추장찌개

고추장찌개를 끓이다 보면 이상하게 맛이 안 나서 나도 모르게 자꾸 '고추장'만 더 추가하게 되죠. 그럼 나중에 완전 달아져서 그냥 폭삭 망해요! '된장'과 '까나리액젓'이 꼭 들어가야 고추장의 가볍고 밍밍한 맛을 무게감있게 밸런스를 맞춰 준답니다. 자칫하면 고추장 때문에 밍밍하게 달달해질 수 있는 국물 맛을 대패삼겹살이 묵묵하게 잡아줘요.

(2인 기준)

○ 대패삼겹살 한 줌(8~10롤)
○ 두부 1/4모
○ 감자 1/2개
○ 애호박 1/3개
○ 표고버섯 1개
○ 양파 1/4개
○ 청양고추 1개
○ 대파 조금
○ 멸치육수 3컵

양념장⁺
○ 고추장 1큰술
○ 된장 1작은술
○ 까나리액젓 1작은술
○ 고춧가루 1큰술

1 분량의 **양념장⁺** 재료를 미리 배합해줍니다.

2 감자, 두부, 표고버섯, 애호박, 양파, 청양고추, 대파는 좋아하는 크기로 깍둑썰기 해요.
● 감자는 너무 크게 썰면 잘 익지 않으니 작게 깍둑썰기 해주세요.

3 대패삼겹살은 8~10롤 정도만 준비하세요. 너무 많이 넣으면 느끼해요.

4 냄비에 멸치육수, 감자, 양파를 먼저 넣고 5~6분 정도 끓여줍니다.

5 1의 **양념장**+을 전부 다 넣어줍니다.

6 끓기 시작하면 두부, 애호박, 표고버섯, 대패삼
겹살을 넣고 뚜껑을 열고 약불에서 10분 정도
채소에서 단맛이 나오도록 자작자작하게 끓여
줍니다.

7 10분 후 간을 보고 싱거우면 까나리액젓을 조
금 더 넣어주고, 송송 썬 대파와 청양고추를 넣
고 1분만 더 끓여 마무리합니다.

레몬소금
닭날개조림

저염간장이랑 레몬소금을 넣고 조려 말이 필요 없는 맛이랍니다. 꼭 교촌치킨 같아요~. 요거 싫어하는 아이들을
못 봤답니다. 맥주를 부르는 맛이라고 할 정도로 맥주와도 잘 어울린답니다. 고기도 맛있지만 조림장에 조린 양
배추와 구운 대파에 손이 더 갈 정도로 곁들인 채소도 진짜 맛있어요.

○ 닭날개 12개 정도

○ 양배추 1/5개

○ 대파 조금

○ 오일 1큰술

닭고기 밑간⁺

○ 생강술 1큰술 16쪽 참고

○ 천일염 3~4꼬집

○ 통후추 약간

조림장⁺

○ 저염간장 2큰술 10쪽 참고

○ 조선간장 1작은술

○ 맛술 2큰술

○ 생강술(또는 청주) 1큰술 16쪽 참고

○ 설탕 1작은술

○ 양조식초 1큰술

○ 레몬소금 1큰술 12쪽 참고

○ 다진 마늘 1큰술

1 분량의 **조림장**+ 재료를 미리 배합해줍니다.

2 양배추는 심지 부분이 붙어있게 잘라줍니다. 대
파는 하얀 부분만 손가락 마디 길이로 썰어주세
요.
- 양배추는 심지가 붙어있어야 팬에 구울 때 떨어지지 않아요.

3 닭날개는 가운데를 손으로 눌러보면 홈이 있어
요. 그 부분에 칼집을 쓱 넣어줍니다. 그래야 맛
있는 양념이 잘 배이고 속까지 잘 익어요.
- 시중에 파는 닭날개 한 팩에는 10~12개 정도가 들어있어요.

4 3의 닭날개에 팔팔 끓인 물 4~5컵을 붓고 2분 후
찬물에 헹궈 체에 받쳐 물기를 빼줍니다.
- 우유에 담가 잡내를 제거하기도 하는데, 비싼 우유에 담그
지 마세요. 닭 잡내와 불순물 제거엔 이 방법이 짱이에요!

5 닭날개는 생강술 1큰술, 천일염 3~4꼬집, 통후
추를 살짝 뿌려 밑간을 합니다.

6 팬에 오일 1큰술을 두르고 대파, 양배추, 닭날개
를 넣고 센불과 중불 사이에서 불맛이 나게 앞뒤
로 노릇하게 구워줍니다.

7 양배추와 대파가 어느 정도 숨이 죽었다 싶으면
1의 **조림장✛**을 넣어줍니다.

8 중불에서 1분 정도 조리다가 양배추를 건져냅니
다.

9 약불로 줄이고 닭날개가 속까지 익도록 뚜껑을
닫고 10분 정도 조려줍니다.

10 10분 후 뚜껑을 열고 닭날개를 뒤집어줍니다.
간을 보면 싱겁지도 짜지도 않을 거예요.
●교촌치킨처럼 짭조름하고 달달하게 드시고 싶다면 저염
간장 1큰술, 설탕 1작은술을 더해서 조리고 불을 끄세요.

미역초무침

더운 여름날 무더위를 한방에 날릴 수 있는 밑반찬이랍니다. 조물조물 무쳐서 냉장고에서 숙성시킨 미역초무침의 꼬들꼬들한 식감과 새콤달콤한 맛이 사라졌던 입맛까지 되살아나게 한답니다. 미역초무침은 오이보다 양파가 들어가야 맛있어요.

○ 자연산 미역 3장(어른 손바닥 크기)

○ 양파 1/2개

단촛물+

○ 양조식초 4큰술

○ 설탕 1큰술

○ 저염간장 1큰술 10쪽 참고

○ 조선간장 1큰술

1 내열볼에 분량의 **단촛물+** 재료를 넣고 랩을 씌우고 않고 전자레인지에서 30초간 돌린 다음 설탕이 녹도록 수저로 저어주고 중탕으로 한김 식혀줍니다.

● 단촛물을 전자레인지에 돌리는 이유는 첫째, 적은 양을 가스 불로 끓이기 번거로워서입니다. 둘째는 설탕과 식초에 열을 가하면 촛물이 굉장히 부드러워지기 때문이에요.

2 어른 손바닥 크기의 자연산 돌미역 3장입니다. 시판 미역은 잘라진 상태에서 작게 두 줌 정도 하시면 됩니다.

3 자연산 미역은 시판 미역처럼 매끈매끈하고 예쁘지 않아요. 가위로 작게 잘라서 사용하세요.

4 미역은 물에 불리는 것이 아니라 살살 문질러서 짠내와 아린 맛을 빼내야 해요. 처음엔 살살 문질러주다가 미역이 야리야리하게 풀어지면 체에 밭치고 맑은 물이 나올 때까지 박박 문질러 씻어줍니다. 4~5회 정도 맑은 물을 갈아 가면서요.

5 냄비에 물 3컵(600ml) 정도를 붓고 끓이다가 끓기 시작하면 미역을 넣고 30초 정도만 데쳐서 찬물에 헹구어 물기를 꽉~ 짜줍니다.

6 양파는 얇게 슬라이스해줍니다.

7 볼에 5의 미역, 6의 양파를 넣고 1의 **단촛물+**을 부어줍니다. 조물조물 버무리고 랩을 씌워서 반나절 정도 냉장 숙성시켜야 제 맛이 난답니다.

8 지금 간을 보면 아무 맛도 안나요. 단촛물과 미역에 겉돌아서 간이 전혀 잡히지 않을 거예요. 냉장고에서 4~5시간 정도 차갑게 숙성시켜 맛을 보세요. 싱거우면 소금 2~3꼬집을 더하고, 새콤한 맛이 부족하면 양조식초 1큰술을 더하세요.

오징어맑은국

닭고기어묵조림

닭고기샐러드

오징어
맑은국

무가 주는 시원함과 청양고추가 주는 칼칼한 맛이 일품인 오징어국은 아빠들 해장용으로 딱이에요. 오징어국은 꼭 크기가 작은 생물 오징어로 끓여야 이 맛이 난답니다. 오징어는 열을 가하면 스스로 서서히 익기 때문에 무를 먼저 넣고 끓이다가 오징어를 넣은 후에는 재빠르게 끓여내세요.

 (2인 기준)

○ 오징어 1마리
○ 무 한 토막
○ 대파 1뿌리
○ 청양고추 1개
○ 통마늘 2톨
○ 생강술 1큰술 16쪽 참고
○ 멸치육수 4컵
○ 까나리액젓 1작은술
○ 소금 2~3꼬집

1 무는 얄팍하게 나박썰기 하고, 대파는 취향껏 듬성듬성 썰어요. 마늘과 청양고추는 먹기 좋게 송송 썰어요.
●맑은 국엔 다진 마늘보다 편으로 썬 마늘을 넣으면 깔끔하고 개운해요.

2 오징어는 껍질을 벗기고 칼집을 넣어요. 몸통은 폭을 너무 작게 잡지 말고 큼직하게 썰어서 접시에 따로 담아둡니다. 오징어 다리는 먹기 좋게 2~3개씩 나누어 썰어줍니다. 이때 생강술 1큰술로 오징어의 비린 맛을 잡아줍니다.
●오징어 껍질을 벗기는 방법은 268페이지를 참고하세요.

3 냄비에 멸치육수 4컵, 무를 넣고 끓이다가 바글바글 끓기 시작하고 5분 정도 더 끓여줍니다.

4 5분 후 무가 반투명해지면 대파, 마늘을 넣고 중불에서 뚜껑을 열고 5분 더 끓여줍니다.
●무를 두껍게 썰었으면 10여 분 정도 끓여요.

5 생물 오징어라 '딱 1분 정도만' 끓여낼 거예요. 2의 오징어와 1의 청양고추를 넣고 와르르~ 끓어오르면 딱 1분만 끓이고 미련 없이 불을 꺼줍니다.
●오징어는 열을 가하면 스스로 서서히 익기 때문에 1분을 넘기지 마세요.

6 오징어를 넣고 간을 보세요. 멸치육수와 오징어의 염분 때문에 크게 싱겁지 않을 거예요. 마지막쯤에 까나리액젓 1작은술, 소금 2~3꼬집을 넣으면 간이 딱~ 맞을 거예요!
●국 끓일 때 소금을 수저로 계량하면 큰일납니다. 국은 처음엔 아무 맛도 나지 않다가 끓으면서 점점 짜져요. 소금 간은 항상 2~3꼬집이나 3~4꼬집으로 조절하면 똑 떨어지는 간귀신이 됩니다.

닭고기
어묵조림

항상 입이 짧은 아이 반찬이 신경 쓰이시죠? 입이 짧지 않은 아이라도 뭔가 맛난 것을 해 먹이고 싶은 마음이 엄마의 마음이죠. 어묵 안에 고기소를 넣고 저염간장으로 조려낸 닭고기어묵조림은 아주 고급진 핫바 맛이 나서 아이들이 아주 좋아하는 반찬이랍니다.

○ 구멍 난 구운 어묵 4개   **간장소스⁺**

○ 닭고기 안심 3조각   ○ 멸치육수 5큰술

○ 대파 1/2뿌리   ○ 맛술 1큰술

○ 소금 3~4꼬집   ○ 생강술 1큰술 **16쪽 참고**

○ 후추 약간   ○ 저염간장 3큰술

○ 오일 2~3큰술   ○ 조선간장 1큰술

    ○ 조청 1큰술

1 닭고기는 듬성듬성 썰어요. 그 위에 송송 썬 대파를 올리고, 소금과 후추를 넣고 잘게 다지듯 반죽해줍니다.

● 닭고기 안심 대신 닭고기 가슴살이나 돼지고기도 좋아요~.

2 구멍이 뚫린 구운 어묵은 끓는 물에 가볍게 데쳐서 찬물에 헹구어줍니다. 가운데 고기소를 넣을 수 있게 가위로 배를 갈라줍니다.

3 사진처럼 어묵 안에 1의 닭고기소를 적당히 채워줍니다.

4 닭고기소를 채운 어묵에 감자녹말가루를 가볍게 묻혀요.

5 달구어진 팬에 오일을 넉넉히 두르고 어묵을 앞뒤로 노릇하게 구워줍니다.
● 이대로 그냥 먹어도 맛있지만, 저염간장으로 풍미를 더하면 더 맛있어요.

6 분량의 **간장소스⁺** 재료를 잘 섞어 5의 팬에 부어요.

7 소스가 바글바글 끓어오르면 어묵이 속까지 익도록 뚜껑을 닫고 약불에서 3~4분 정도 조려줍니다.

8 3~4분 후면 윤기가 좌르르 나죠. 맛난 소스가 잘 배이도록 어묵을 앞뒤로 돌려가면서 뒤적여줍니다.

9 어묵을 건져내고 남은 소스는 끈기가 바글바글 있도록 좀 더 졸이세요.

10 조려진 어묵을 먹기 좋게 잘라 접시에 담고 맛나게 졸여진 9의 소스를 또르르~ 뿌려주세요.

닭고기
샐러드

닭고기어묵조림을 만들고 남은 닭고기 안심으로 샐러드를 만들었어요. 채소는 좋아하는 재료로 준비하시면 됩니다. 제가 자주 상에 올리는 메뉴로 누구나 좋아하는 샐러드예요. 밥상에 올려도 좋고, 아침 식사로 먹기에도 좋고, 남편과 가볍게 술을 마실 때 안주로도 좋답니다. 소스에 레몬소금을 넣으니 맛이 한결 업그레이드되었어요.

○ 닭고기 안심 6조각
○ 방울토마토 조금
○ 양상추 조금
○ 참나물 조금
○ 녹말가루 크게 1큰술

닭 밑간⁺

○ 생강술 1큰술 16쪽 참고
○ 소금 3~4꼬집
○ 후추 약간

샐러드드레싱⁺

○ 발사믹식초 1큰술
○ 엑스트라버진 올리브유 2큰술
○ 레몬소금 1큰술 12쪽 참고
○ 저염간장 1큰술
○ 다진 마늘 1/2작은술
○ 후추 약간

1 분량의 **샐러드드레싱⁺** 재료를 미리 배합해줍니다.

2 방울토마토, 양상추, 참나물은 씻어서 물기를 완전히 빼줍니다. 채소는 좋아하는 재료를 준비하세요.
● 방울토마토 대신 일반 토마토도 좋아요.

3 닭고기는 사진처럼 사선으로 살포시 포를 떠서 먹기좋게 2~3조각으로 나누어 주세요.

4 닭고기에 생강술 1큰술, 소금 3~4꼬집, 후추 약간을 넣고 조물조물 무쳐 10여 분간 재워줍니다.

5 10분 후 닭고기에 녹말가루 1큰술을 넣고 조물
조물 버무려줍니다.

6 끓는 물에 녹말옷을 입힌 닭고기를 꼭 한 조각씩
살포시 넣어줍니다. 5~6분 정도 지나 닭고기가
위로 둥둥 떠오르면 다 익은 거예요.

7 6의 닭고기를 건져서 찬물에 1분 정도 담갔다가
체에 밭쳐 물기를 빼줍니다.

● 닭고기에 묻힌 녹말들이 끓는 물에 다 씻겨 나갈 것 같지만 닭고기
에 딱 달라붙어서 육즙을 보호해줘 야들야들하고 굉장히 맛있게 삶
아진답니다.

8 2의 손질한 채소들을 접시에 안정감 있게 담고
7의 삶은 닭고기를 올려요.

9 샐러드 드레싱+은 먹기 직전에 부어 드세요.

비빔국수
춘권피대패삼겹만두

 (4~5인 기준)

○ 무 한 토막(양파 1/2개 크기)

○ 양파 1/2개

○ 정수기용 메밀 티백 2개

○ 고춧가루 8큰술

○ 다진 마늘 1큰술

○ 대파 1뿌리(대파가 호리호리하면 2뿌리)

● 면은 좋아하는 면을 준비하세요. 냉면 사리, 건칼국수 면, 중면, 메밀면도 잘 어울려요~

간장물⁺

○ 메밀차 1/2컵

○ 저염간장 1/4컵 10쪽 참고

○ 조선간장 5큰술

○ 맛술 2큰술

○ 조청(또는 물엿) 1큰술

단촛물⁺

○ 양조식초 3큰술

○ 설탕 1큰술

○ 소금 1/2작은술

비빔국수 고명

○ 채썬 오이 조금

○ 달걀 지단 조금

○ 초절임용 무 약간

173

1 뜨거운 물 1/2컵에 정수기용 메밀 티백 2개를 넣어 찐하게 우려냅니다. 은행에 가면 있는 작은 메밀 티백은 3~4개를 하시면 찐하게 나올 거예요.

● 막국수 달인은 통메밀을 끓이고 면수(면 삶은 물)를 사용하는데 가정집에서 통메밀도, 100번 이상 삶은 면수도 구할 수가 없죠. 그래서 사용하기 편한 메밀 티백을 사용해봤어요.

2 냄비에 분량의 **간장물**✛ 재료를 넣고 팔팔~ 끓여줍니다. 간장물이 끓기 시작하면 약불에서 3분 정도 졸이듯 끓여요. 구수한 메밀향이 아주 좋아요.

3 무와 양파는 강판이나 믹서기에 갈아줍니다.

● 무나 양파의 양이 너무 많으면 농도가 묽어지니 분량을 꼭 지켜주세요.

4 2의 **간장물**✛에 고춧가루 8큰술, 다진 마늘 1큰술, 3의 무와 양파 간 것을 넣어줍니다.

5 4에 대파 1뿌리를 잘게 송송 썰어 넣고 양념장이랑 아우러지도록 잘 저어줍니다. 이때 양념장이 너무 묽다 싶으면 고춧가루 1큰술을 추가하세요.

● 저는 안 매운 고춧가루 6큰술 + 매운 고춧가루 2큰술로 했어요.

6 5의 비빔장을 유리병에 담아 3일 정도 냉장 숙성
시켜요.
● 중간에 너무 궁금해서 이틀째 되는 날 한 수저 떠먹어봤는데
짜지도, 달지도, 싱겁지도 않은 그야말로 대박 비빔장이었습니
다. 먹고 나면 입꼬리가 바짝 올라갈 정도예요.

7 비빔국수 고명으로 채썬 오이, 달걀지단, 초절임
무를 준비했어요. 초절임 무는 간단하게 만들 수
있어요. 내열볼에 분량의 **단촛물**+ 재료를 넣고
전자레인지에서 30초 찡~ 돌려줍니다. 한김 식
힌 단촛물에 무를 얇게 썰어서 1시간 정도 담가
놓으면 완성!

8 좋아하는 면을 준비해 제조사의 조리 예대로 삶
아줍니다. 면 위에 6의 비빔장을 올리고 준비한
고명을 올려내세요.

춘권피
대패삼겹만두

만두는 손이 많이 가고 준비해야 하는 재료가 많아서 냉동만두를 사 먹는 경우가 많죠. 속재료를 팍팍 줄여서 간단하고, 굴소스, 조미료를 넣지 않아도 입에 쫙 감기는 맛있는 만두를 만드는 법을 공개합니다. 요거 만들어 놓으면 서로 먹겠다고 싸우니깐 식구 수에 맞춰서 준비하세요. 꼭 대패삼겹살로 하셔야 합니다. 일반 삼겹살로 하면 폭삭 망해요!

(2인 기준)

○ 춘권피 4장

○ 대패삼겹살 4줄

○ 대파 1뿌리

○ 튜브 와사비 적당량

○ 오일 적당량

○ 소금 2~3꼬집

간장소스+

○ 저염간장 2큰술 10쪽 참고

○ 조선간장 1큰술

○ 조청 1큰술

● 대패삼겹살과 춘권피는 대형 마트에서 구입할 수 있답니다.

1 제가 대패삼겹살을 좋아해서 눈에 보이면 넉넉히 사오는 편이에요. 냉동 보관하고 필요할 때 꺼내서 상온에 10여 분만 두면 금방 해동됩니다.

2 내열볼에 분량의 **간장소스⁺** 재료를 넣고 랩을 씌우고 않고 전자레인지에 30초간 돌려줍니다. 1분 후 다시 30초 가열하면 끈적하게 농도가 생길 거예요. 간장소스는 한김 식혀줍니다.

3 대파는 송송 썰어서 달구어진 팬에 오일을 살짝 두르고 숨이 살짝 죽을 때까지만 볶아줍니다. 이때 소금 2~3꼬집으로 밑간을 합니다.

4 춘권피는 50장을 통째로 냉동 보관하면 해동할 때 정말 식겁합니다. 마트에서 사 오는 동안 살짝 해동된 상태일 거예요. 10장씩 조심스럽게 소분해서 냉동 보관하면 요리하기가 수월하답니다.

5 춘권피에 젖은 면보를 살짝 덮어 놓아요.

6 2~3분이 지나면 한 장씩 잘 떨어질 거예요.

7 춘권피 한 장을 깔고 반으로 자른 대패삼겹살 2
장을 올리고 2의 **간장소스**⁺를 발라요.

8 3의 볶은 대파를 듬뿍 올리고 다시 대패삼겹살
을 올리고 2의 **간장소스**⁺를 발라줍니다.

9 삼겹살의 느끼함을 잡아 줄 와사비를 춘권피에
찍~ 발라줍니다. 와사비는 사진보다 많이 발라
도 좋습니다. 삼겹살의 기름 때문에 전혀 맵지 않
아요.

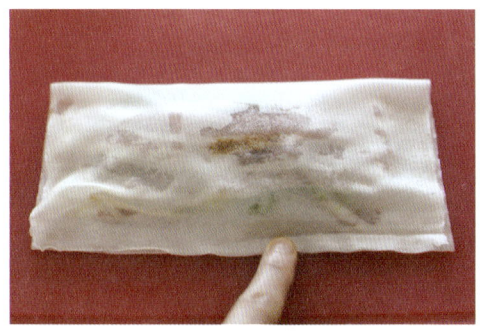

10 춘권피 가장자리에 물을 바르고 사진처럼 덮
고 손가락으로 꾹꾹~ 눌러주면 접착이 빨리
됩니다.

11 달구어진 팬에 오일 1큰술을 두르고 춘권피
만두를 한 장 올리고 중불과 약불 사이에서
바삭하고 쫀득하고 노릇하게 구워줍니다.
● 센불에서 구우면 춘권피가 얇아서 금방 타요. 불 조절 잘
하세요.

12 1~2분 후에 한 번 뒤집고 오일 1큰술을 더 추
가해요. 오일이 살짝 들어가야 춘권피가 바삭
하고 쫀득해져요.

Part 2　당근정말시러의 우리집 맛 보장 가정식 레시피

감자달걀국

온센타마고쇼가야끼

깻잎찜

가지나물

감자
달걀국

마트에서 햇감자를 보면 포실하고 담백한 감자달걀국이 늘 생각나요. 포실포실한 감자가 입에서 확~ 녹아버릴 것 같아요. 깔끔한 감자달걀국에 시치미를 뿌려 먹으면 그야말로 훌륭한 궁합이랍니다.

(2인 기준)

- ○ 감자 2개(작은 것)
- ○ 달걀 1개
- ○ 잘게 썬 대파 조금
- ○ 잘게 썬 양파 1/4개
- ○ 새우젓 1작은술
- ○ 멸치육수 3컵
- ○ 소금 2~3꼬집
- ○ 후추 · 참기름 약간씩

1 감자는 껍질을 벗겨 살짝 두껍게 나박나박하게 썰어서 찬물에 10분 정도 담가 감자의 끈적이는 전분기를 제거해줍니다.

2 냄비에 멸치육수와 감자를 넣고 중불에서 끓여 줍니다. 감자는 끓일 때 전분기 때문에 거품과 함께 와르르 넘칠 수 있으니 중불에서 끓이는 것이 좋아요.

3 잘게 썬 양파 한 줌을 넣고 약불로 줄이고 10여 분간 은은하게 끓여 감자를 익혀줍니다.

4 10여 분 후 감자 하나를 건져서 익었는지 확인 해보고 새우젓 1작은술을 넣고 2~3분 더 끓여 줍니다.
  ● 저는 생선이나 고기가 들어가지 않은 맑은국에 마늘을 넣지 않는데 이 과정에서 기호에 따라 잘게 채썬 마늘 1톨이나 다진 마늘 1작은술을 넣으셔도 좋아요.

5 간을 보고 싱거우면 소금 2~3꼬집을 추가하고, 달걀을 곱게 풀어 냄비의 가장자리를 돌려가면 서 천천히 넣어주세요.

6 달걀물을 넣고 바로 잘게 썬 대파, 후추, 참기름 을 넣어 마무리합니다.

온센타마고
쇼가야끼

쇼가야끼는 일본식 돼지고기 구이예요. 생강향이 폴폴 나는 쫄깃쫄깃한 돼지고지에 온센타마고(수란)를 올려 먹으면 고소하고 촉촉한 것이 아주아주 별미예요~. 온센타마고는 미리 준비하여 식탁 위에서 살포시 깨뜨려 드시면 됩니다. 취향에 따라 일본 시치미를 곁들여 전통 일본식으로 드셔도 좋아요.

○ 대패삼겹살 250g

○ 마늘기름 1작은술 13쪽 참고

○ 생강술 1큰술 16쪽 참고

○ 후추 약간

○ 소금 2~3꼬집

양념장⁺

○ 저염간장 3큰술 10쪽 참고

○ 조선간장 1큰술

○ 맛술 1큰술

○ 생강술 1큰술 16쪽 참고

○ 생강청 1큰술 15쪽 참고

○ 다진 마늘 1작은술

간장달걀죽 + 은색타미고소가이끼 + 깻잎찜 + 가지나물

1 분량의 **양념장**＋ 재료를 배합해줍니다.
●생강청이 없으면 조청 1큰술에 마늘 1톨 정도를 채썰어 넣어주세요.

2 볼에 냉동 대패삼겹살을 넣고 팔팔~ 끓인 물을 3컵 정도 부어줍니다. 1~2분 후 찬물에 헹구어 체에 밭쳐 물기를 빼줍니다.
●돼지 잡내, 핏물, 불순물을 제거하는 거예요. 이 과정을 하느냐 안 하느냐에 따라 맛의 차이가 분명히 있어요.

3 달구어진 팬에 마늘기름을 1작은술 두르고 2의 대패삼겹살, 생강술 1큰술, 후추 약간, 소금 2~3 꼬집을 넣고 고슬고슬하게 볶아줍니다.

4 고기가 반 정도 익으면 1의 **양념장**＋을 넣고 센불에서 볶아줍니다. 1~2분 정도 지나서 간을 보고 싱거우면 저염간장 1작은술을 더하세요. 양념이 고기에 이미 스며들었으니 고기만 건져서 접시에 담아주세요. 온센타마고를 만들어 올려드세요.

온센타마고
만들기

○ 달걀 2개(중간 크기)
○ 물 5~6컵
○ 요리용 타이머

2가지볶음국수 + 온센타마고소스가야끼 +
깻잎찜 + 가지나물

1 달걀은 냉장고에서 꺼내 실온에 둡니다. 냄비에
5~6컵의 물을 붓고 팔팔~ 끓입니다. 물이 끓으
면 불을 끄고 체온 정도의 미지근한 물 1컵을 붓
고 온도를 낮춥니다. 그럼 물의 온도가 80도 정
도가 된답니다.

● 달걀을 미리 꺼내두지 못했을 경우 체온 정도의 미지근한 물
에 10여 분 정도 담가주세요.

2 냄비에 국자를 이용해 달걀을 넣고 뚜껑을 열고
여름철엔 12~13분, 겨울철엔 14~15분 정도 둡
니다.

● 꼭 타이머를 맞춰주세요! 볶음밥이나 덮밥 위에 곁들일 일본
식 수란은 삶는 시간을 1~2분 더 늘려 흰자를 조금 더 익혀도 됩
니다.

3 14분 후 달걀에 찬물을 부어 완전히 식힌 다음
삶은 달걀을 건져냅니다. 반숙이라 칼등으로 조
심스럽게 깨뜨려 그릇에 담아줍니다.

● 이렇게 삶은 달걀은 2~3일 정도 냉장 보관이 가능해요.

깻잎찜

간이 딱 떨어지는 깻잎찜은 은근 사랑받는 밥도둑이죠. 반찬가게에서 자주 사 먹던 깻잎찜이랑은 많이 달라요. 제가 배합한 저염간장 양념장이 100배는 더 맛있어요~. 마트에서 한 봉지에 천 원이면 구입할 수 있는 깻잎을 사서 겁나 맛있는 저염간장 양념장으로 만들어보세요.

○ 깻잎 4뭉치(40장 정도)
○ 양파 1/4개
○ 통마늘 3톨
○ 대파 1뿌리
양념장
○ 고춧가루 2큰술
○ 저염간장 4큰술
○ 조선간장 2큰술
○ 맛술 1큰술
○ 설탕 1작은술
○ 멸치육수 4큰술

1 양파는 너무 길지 않게 사진처럼 얇고 잘게 채썰
고, 대파는 송송 썰고, 마늘은 얇게 편썰기 해요.

● 당근을 얇게 채썰어 넣어도 좋아요. 다진 마늘 1작은술을 넣어도
되지만 좀 더 향긋하고 맛나게 드시려면 얇게 편썰기 한 마늘을 넣
으세요.

● 얇게 채썰기가 힘드시면 채칼을 이용해도 됩니다.

2 볼에 분량의 **양념장** 재료와 1에서 손질한 재료
를 넣고 배합해줍니다.

3 마트에 가면 한 봉지에 천 원씩 하는 깻잎입니
다. 요렇게 4뭉치면 40장 정도 될 거예요. 흐르는
물에 깨끗하게 씻어 탈탈~ 털고 물기를 완전히
제거해줍니다.

4 손질한 깻잎을 2장씩 겹치고 2의 **양념장**을 2작
은술 정도씩 가볍게 발라 내열볼에 차곡차곡 담
아줍니다.

5 냄비에 물이 끓기 시작하면 중불로 줄이고 4의
깻잎을 담은 내열볼을 넣고 뚜껑을 닫고 15분 정
도 쪄줍니다.

● 깻잎도 발효가 일어나서 시간이 지나면 시큼털털해지니 향긋
한 생깻잎김치를 좋아하면 일주일 안에 드실 양만 만드세요.

가지
나물

나물은 하루만 지나도 잘 상하니 한 끼 먹을 만큼
씩만 만들어 드세요. 여름철 나물 반찬을 할 때 찌
거나 데치기 귀찮으시죠? 전자레인지로 간단하게
뚝딱 만드는 방법을 알려드릴게요~.

1 가지는 사진처럼 열십자로 칼집을 끝까지 넣어
줍니다.

○ 날씬한 가지 1개
양념장+
○ 저염간장 1작은술
○ 조선간장 1/2작은술
○ 다진 파 1/2작은술
○ 다진 마늘 1/2작은술
○ 참기름 1큰술

2 칼집을 넣은 가지를 랩으로 느슨하게 돌돌 말아
줍니다. 전자레인지에서 2분 30초 찡~ 돌려줍니
다. 한김 식힌 가지는 먹기 좋은 크기로 자르고
잘게 찢어줍니다.
　●전자레인지 가열 시간은 가지 크기에 따라 30초 정도 조절해주
세요.

3 잘게 찢은 가지에 분량의 **양념장**+ 재료를 넣고
조물조물 무쳐주세요. 간은 싱겁지도 짜지도 않
고 딱~ 맞을 거예요.

옥돔뭇국

돼지안심찹쌀구이

콩나물파절이

옥돔
뭇국

담백하고 시원한 국물, 보들보들한 옥돔살이 내 위장을 어루만져주면서 치유해주는 것 같아요. 옥돔뭇국은 그 어떤 수식어를 붙여도 부족할 정도로 정말 맛있어요. 옥돔은 꼭 생물로 준비하세요.

○ 생물 옥돔 1마리
○ 무 1/4개
○ 참기름 1큰술
○ 멸치육수 4컵
○ 천일염 1/3작은술
○ 송송 썬 파 조금

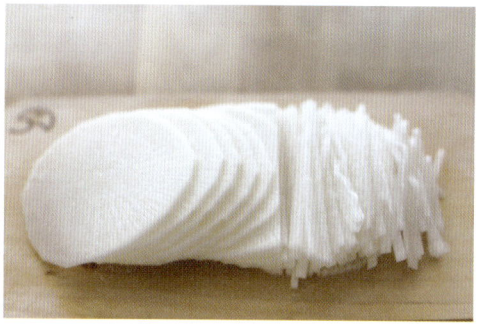

1 무는 얌전하고 가늘게 채썰어줍니다.

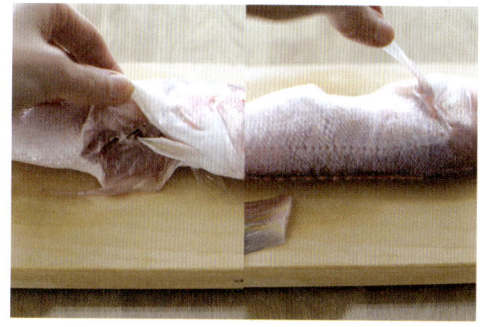

2 옥돔은 흐르는 물에서 칼등으로 비늘을 긁어내고 주방가위로 지느러미와 내장을 정리해줍니다.

●생선 이름이 '돔'으로 끝나는 생선들은 맛도 좋고 비린 맛도 덜해 가격이 비싸도 언제나 사랑받지만, 비늘이 강하게 박혀 있으니 꼭 꼼꼼하게 긁어내세요.

3 옥돔은 반으로 자르고, 팔팔~ 끓인 물을 붓고 30초 정도 지나면 후다닥 찬물에 헹구어줍니다. 이 과정에서 생선 비린내가 90%는 잡히고, 끓일 때 옥돔살이 잘 풀어지지 않게 해줘요.

4 냄비에 1의 무채, 참기름 1큰술을 넣고 불을 켜줍니다. 중불에서 살살 볶아줍니다.

●달구어진 냄비에 무채를 넣어 볶으면 무채가 달라붙고 부서질 수 있으니 꼭 무를 넣고 불을 켜줍니다.

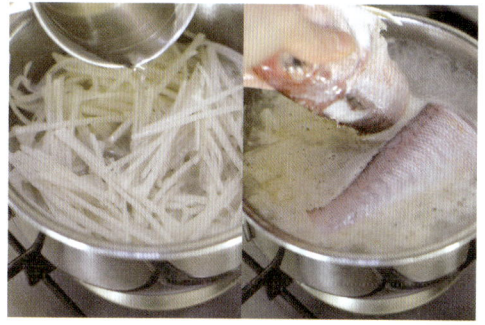

5 멸치육수 4컵을 붓고 끓기 시작하면 손질한 옥돔을 넣어줍니다. 끓기 시작하면 생선 거품이 일어나는데 거품을 걷어내세요.

●조개는 찬물에 넣고 끓이고, 생선은 물이 끓기 시작하면 넣는 거예요~.

6 10여 분 끓이고 천일염 1/3작은술로 간을 하고 마지막에 파를 넣어 마무리합니다.

●생물 생선은 오래 끓이면 살이 부서지니 딱 10분만 끓이세요.

돼지안심
찹쌀구이

칼등으로 두드려 부드러워진 돼지고기에 찹쌀가
루와 녹말가루를 입혀서 구워 쫀득쫀득하고 바삭
바삭하답니다. 고깃집에서 나오는 파채나 아삭하
고 매콤한 콩나물파절이와 곁들여드시면 아주 맛
있어요.

 (2인 기준)

○ 돼지고기 안심 150g
○ 찹쌀가루 1큰술
○ 감자녹말가루 1큰술
○ 오일 2큰술
돼지고기 밑간+
○ 생강술 1큰술 16쪽 참고
○ 소금 3~4꼬집
○ 후추 약간

1 돼지고기는 2cm 두께로 도톰하게 썰어 칼등으
로 앞뒤 모두 토닥토닥 두들겨주면 고기가 더 부
드럽고 면적이 넓어집니다.

2 1의 돼지고기에 생강술 1큰술, 소금 3~4꼬집, 후
추 약간을 넣어 밑간을 하고 잡내를 잡아줍니다.

3 찹쌀가루 1큰술, 감자녹말가루 1큰술을 섞어서
2의 돼지고기에 고루 묻혀주고 여분의 가루는
탈탈탈 털어줍니다.

● 찹쌀가루와 녹말가루를 섞어서 구우면 탕수육 고기처럼 식감
이 쫀득하고 바삭해서 아주 맛있어요.

4 달구어진 팬에 오일 2큰술을 두르고 중불에서
돼지고기를 앞뒤로 노릇하고 바삭하게 구워주
세요.

콩나물
파절이

고기구이에 빠질 수 없는 콩나물파절이. 요리 초보분들은 은근 맛내
기 어려워하시는데 양념장에 고추기름을 넣으면 입에 쩍쩍 붙을 만
큼 맛있어요. 고기를 먹어도 먹어도 질리지 않게 해주는 맛이랍니다.
파절이는 미리 버무리지 말고 식전에 버무려 바로 드시면 좋아요.

○ 굵은 대파 1뿌리
○ 콩나물 한줌
○ 고춧가루 1작은술
○ 참기름 1큰술
양념장
○ 고춧가루 1작은술
○ 저염간장 1큰술
○ 다진 마늘 1작은술
○ 까나리액젓 1작은술
○ 설탕 1작은술
○ 고추기름 1작은술

1 분량의 **양념장** 재료를 미리 배합해줍니다.
- 고추기름 1작은술을 조금 넣어주면 진하고 풍미가 좋습니다.

2 대파의 하얀 부분을 파채칼로 앞뒤로 돌려가면서 쓱쓱 긁어내면 불규칙하게 파채가 나옵니다.
- 완성된 음식에 올리는 가니시용 파채는 이걸로 하시면 안 됩니다. 채썰기 방법이 따로 있어요~.

3 대파의 파란 부분은 사진처럼 한쪽을 갈라줍니다. 대파를 넓게 펴고 아주 가늘게 어슷어슷 채썰어주면 갈매기 모양이 나옵니다.

4 2와 3의 파채는 차가운 물에 10여 분간 담가두면 아린 맛도 빠지고 사각거리는 식감도 살아납니다. 파채는 체에 밭쳐 물기를 완전히 빼고 마지막엔 키친타월로 뽀송뽀송하게 물기를 제거해줍니다.

5 콩나물은 꼬리를 정리하고 깨끗하게 씻어 물기를 제거하고 느슨하게 랩을 씌워 전자레인지에 1분 정도 찡~ 돌린 다음 찬물에 헹구고 체에 밭쳐 물기를 빼줍니다.

6 볼에 파채와 콩나물, 고춧가루, 참기름을 넣고 먼저 버무린 다음 1의 **양념장**을 넣고 살살 버무려주세요.
- 마지막에 들깻가루 1작은술을 넣으면 아주 고소하고 맛있습니다.

낙지연포탕
낙지볶음

낙지
연포탕

날씨가 쌀쌀해지기 시작하면 생각나는 낙지연포탕. 낙지전문점에서
배운 팁인데, 낙지는 15~20초 이상 익히면 무조건 질겨진다고 해요.
쫄깃쫄깃한 낙지와 시원, 담백, 칼칼한 국물 맛이 정말 끝내줘요! 소
주 좋아하시는 분들이라면 최고의 안주일 거예요.

 (2인 기준)

○ 산낙지 2마리(작은 크기)

○ 해감한 바지락 10알

○ 무 한 토막(주먹 크기)

○ 대파 1/2뿌리

○ 청양고추 1개

○ 밀가루 3큰술

○ 멸치육수 3컵

○ 소금 1/3작은술

1 낙지의 머리, 내장, 눈, 먹물 통은 주방가위로 제거해요. 낙지에 밀가루 3큰술을 넣고 20~30번 정도 조물조물 치대어줍니다.

2 1의 낙지를 깨끗한 물에 여러 번 헹구어 체에 밭쳐 물기를 빼줍니다.

3 해감한 바지락은 깨끗하게 씻어서 준비하고, 무는 나박나박 썰고, 대파는 취향에 따라 큼직하게 썰어줍니다. 청양고추는 너무 크지 않게 송송 썰어요.

4 냄비에 멸치육수, 무를 넣고 끓이다가 끓기 시작하면 약불로 줄이고 10여 분 정도 끓여줍니다. 해감한 바지락과 대파를 조금 넣어주면 바지락에서 거품이 일어날 거예요. 국자로 살포시 걷어내세요.

5 냄비에 손질한 낙지를 머리 쪽부터 넣고 딱 15초만 입으로 세고 바로 건져내 먹기 좋게 잘라서 국그릇에 미리 담아줍니다.

6 낙지를 건져낸 다음 소금 1/3작은술, 청양고추, 파를 넣고 불을 꺼줍니다. 낙지를 담은 국그릇에 뜨거운 국물을 살포시 부어주세요.

낙지볶음

낙지는 통으로 볶아서 식탁 위에서 주방가위로 잘라서 앞 접시에 담아 드세요. 그래야 낙지에서 수분이 덜 빠져서 야들야들하고 물기 없이 제대로 볶아진 낙지볶음을 드실 수 있어요. 맛있게 매워서 하얀 밥에 비벼 먹으니 더 맛있 네요. 업무 스트레스로 지쳐 퇴근한 남편을 위해 오늘 저 녁 메뉴로 매콤한 낙지볶음 어떠세요?

- ○ 낙지 3마리(큰 것)
- ○ 밀가루 3큰술
- ○ 애호박 1/4개
- ○ 양파 1/4개
- ○ 대파 1뿌리
- ○ 당근 조금
- ○ 마늘기름 1큰술 13쪽 참고
- ○ 고춧가루 1큰술
- ○ 소금 2~3꼬집

양념장⁺

- ○ 저염간장 3큰술
- ○ 조선간장 1작은술
- ○ 고춧가루 2큰술
- ○ 다진 마늘 1큰술
- ○ 맛술 1큰술
- ○ 생강술 1큰술 16쪽 참고
- ○ 고추기름 2작은술

1 분량의 **양념장⁺** 재료를 미리 배합해줍니다.

● 낙지를 기름에 볶지 않을 거라 고추기름 2작은술을 넣었어요. 고추기름이 없으면 식용유를 넣으세요.

2 산낙지일 경우엔 냉동실에 20분 정도 넣어 낙지를 기절시켜주세요. 주방가위로 낙지의 내장, 입, 먹물 통을 정리하고 밀가루를 넣고 20~30번 정도 조물조물 치대어 낙지 빨판의 불순물을 제거하고 비린내도 잡아줍니다.

● 소금을 사용하시는 분들도 계신데, 삼투압 때문에 낙지에서 맛있는 수분이 빠지더라고요~.

3 낙지는 깨끗한 물로 여러 번 씻어 체에 밭쳐 물기를 빼줍니다.

4 대파, 양파, 애호박, 당근은 손가락 마디 길이로 큼직큼직하게 썰어줍니다.

● 낙지볶음, 오징어볶음처럼 양념장이 강할 때는 채소를 큼직하게 썰어야 볶을 때 숨이 죽지 않고 물기도 덜 나와요.

5 달구어진 팬에 마늘기름 1큰술을 두릅니다.

6 4의 채소들을 넣고 센불에서 아주 살짝 숨이 죽을 정도로만 볶아 접시에 따로 담아둡니다. 이때 소금 2~3꼬집으로 밑간을 합니다.

7 약불로 줄이고, 채소를 볶았던 팬에 3의 손질한 낙지, 고춧가루 1큰술을 넣고 낙지에 흡착되도록 볶아줍니다. 그럼 칼칼한 불맛이 확~ 올라올 거예요.

● 낙지볶음을 할 땐 기름을 넣고 볶으면 양념이 겉돌기 때문에 기름을 두르지 않아요.
● 낙지볶음을 할 땐 낙지를 자르지 않고 통으로 볶아야 수분이 빠지지 않아 질겨지지 않아요. 접시에 담기 전에 가위로 먹기 좋게 잘라주세요.

8 바로 1의 **양념장**+, 6의 미리 볶아 놓은 채소들을 넣어요.

9 센불에서 가능하면 1분 내로 빠르게 볶고 불을 꺼줍니다.

- 공부탕
- 굴전+호박전
- 굴무침
- 새송이버섯볶음

공부탕

공부탕은 보기엔 청순한데 은근 매워요. 유명 차이니스 레스토랑에서 먹었던 '공부탕면'은 하얀 짬뽕처럼 칼칼하고 묵직한 국물 맛이 예술이었어요. 짬뽕과 공부탕면의 생명은 센불에서 불 맛나게 볶아낸 채소들이 입안에서 아삭아삭 살아있는 것이죠. 저는 밥을 좋아해서 공부탕으로 먹었지만 면을 좋아하는 분들은 면만 따로 삶아 헹구지 말고 그릇에 담고 공부탕을 부어주세요.

 (2인 기준)

- ○ 굴 1봉지(포장 굴 작은 것)
- ○ 숙주 두 줌
- ○ 애호박 1/4개
- ○ 배추 2장
- ○ 양파 1/4개
- ○ 청양고추 2개
- ○ 대파 1/2뿌리
- ○ 조개육수 3~4컵(바지락이나 모시 조개육수)
- ○ 마늘기름 2큰술 13쪽 참고
- ○ 다진 마늘 1작은술
- ○ 까나리액젓 1작은술
- ○ 소금 · 후추 약간씩
- ● 그 외 오징어나 새우를 조금 넣어도 아주 좋아요.

212

1 숙주 두 줌을 깨끗이 씻어 준비하고, 애호박은
알팍하게 반달썰기 하고, 배추와 양파는 어슷하
게 채썰고, 대파는 취향껏 호방하게 썰고, 청양
고추는 너무 크지 않게 송송 썰어요.
● 공부탕엔 청양고추가 꼭 들어가야 해요.

2 팬에 마늘기름 2큰술을 두르고 다진 마늘 1작은
술, 양파, 애호박, 배추, 숙주, 대파를 넣고 센불에
서 팬을 흔들어가며 볶아줍니다. 이때 너무 뒤집
지 말고 10~20초 간격으로 골드브라운색이 날
정도로 볶고, 소금 2~3꼬집으로 밑간을 합니다.

3 2의 채소들이 아주 살짝 숨이 죽으면 조개육수
를 부어줍니다. 이때 조개육수는 팔팔~ 끓인 뜨
거운 육수여야 해요.
● 차가운 육수를 사용하면 채소의 숨이 죽어서 식감도 나빠지고
중식 공부탕이 아니라 한식 찌개가 됩니다. 조개육수는 저는 마
트용 모시조개 한 봉지를 사용했는데 바지락도 좋아요.

4 뜨거운 조개육수를 부으면 금방 와르르 끓어오
를 거예요. 그때 바로 굴을 넣고 2분만 끓여줍니
다.
● 공부탕은 너무 오래 끓이면 채소의 숨이 완전히 죽어 중식다
운 맛이 전혀 없으니 꼭 끓이는 시간을 지켜주세요.

5 2분 후 청양고추, 까나리액젓 1작은술, 소금 3
꼬집을 넣고 간을 봅니다. 싱거우면 소금을 약간
더하고 후추를 살짝 곁들여 마무리합니다.

굴전
+
호박전

맛있는 바다 내음이 풀풀 나는 인기쟁이 굴전과 아삭아삭 사각사각
한 호박전을 만들어봤어요. 전을 부칠 때는 불 조절이 중요해요. 꼭 중
불과 약불 사이에서 부쳐야 타지 않아요. 굴은 속까지 너무 익히면 육
즙이 빠져나와 질겨질 수 있으니 노릇노릇하게 살짝만 익혀주세요.
술안주로도 좋고 초대상에 내어도 좋아요.

○ 애호박 1/2개
○ 굴 1봉지(마트 기준)
○ 달걀 2개
○ 밀가루 넉넉히
○ 대파 조금
○ 소금 약간
○ 오일 적당량

1 애호박은 아주 살짝 두껍게 통썰기 해 앞뒤에 소
금 2~3꼬집씩 밑간을 해요. 5분 정도 지나면 애
호박에서 몽글몽글하게 수분이 맺힐 거예요.

2 키친타월로 애호박의 물기를 제거해요. 물기를
제거하고 부치면 시간이 지나도 물컹하지 않고
아삭아삭하니 맛있어요.

3 애호박은 밀가루를 가볍게 묻히고 달걀물을 입
혀 달구어진 팬에 오일을 넉넉히 두르고 중불과
약불 사이에서 앞뒤로 노릇하게 지져내요.
  ●어떤 전이든 중불과 약불 사이에서 부쳐야 타지 않고 정경부
  인처럼 얌전하니 고급스런 전을 드실 수 있습니다.

4 굴전도 호박전과 같은 방법으로 만들어요. 굴은
가볍게 헹궈 체에 밭쳐 물기를 빼고 밀가루를 가
볍게 묻히고 달걀물을 입혀요. 달걀물에 대파나
청양고추를 송송 썰어 넣으면 2% 남아있던 굴
의 비린내를 말끔하게 잡을 수 있어요.
  ●굴이 싱싱하면 생으로 그냥 부쳐도 좋지만, 2~3일 정도 냉장고
  에 방치된 굴이라면 뜨거운 물에 살짝 데쳐서 부쳐내면 굴 비린
  내 없이 깔끔하게 드실 수 있어요.

5 달구어진 팬에 오일을 넉넉히 두르고 작은 굴은
2개씩, 큰 굴은 1개씩 올려 중불과 약불 사이에
서 너무 자주 뒤집지 말고 앞뒤로 한 번씩만 뒤
집어 얌전하게 부쳐내요.

굴무침

굴은 여성들 피부 미용과 남성들 스태미나에 좋은 식재료로 널리 알려져 있죠. 싱싱한 굴에 갖은 양념을 해서 먹는 굴무침은 겨울철 별미 중에 별미랍니다. 무쳐서 바로 먹어도 맛있지만 하루 정도 숙성시키면 훨씬 더 맛있답니다.

○ 굴 2봉지(포장 굴 작은 것)
○ 대파 하얀 부분만 1뿌리
○ 고추 1개
○ 통마늘 2톨

양념장+
○ 저염간장 1큰술
○ 까나리액젓 1큰술
○ 고춧가루 2큰술
○ 생강술 2큰술 16쪽 참고
○ 다진 마늘 1작은술
○ 조청 1작은술

1 굴은 가볍게 헹구어 체에 밭쳐 물기를 완전히 빼줍니다. 저는 소금물에 흔들어 씻지 않고 체에 밭쳐 샤워하듯 가볍게 1~2번만 헹궈요.

2 마늘은 얇게 편썰고, 대파와 고추는 송송 썰어요.
● 마늘과 고추는 기호에 따라 1~2개 정도 더 넣어도 좋아요.

3 볼에 1의 굴, 2의 채소, 분량의 **양념장**+ 재료를 넣고 살살 버무려줍니다. 바로 드셔도 되고, 김치냉장고에서 하루 정도 숙성시켜 드시면 더 맛있어요.

새송이버섯
볶음

버섯볶음용으로는 표고버섯이나 새송이버섯이 제일 좋아요. 다른 버섯들은 수분이 많아서 볶으면 질퍽해지거든요. 새송이버섯에 향긋한 마늘쫑을 넣어 까나리액젓과 저염간장으로 양념해 볶으니 간이 똑떨어지는 것이 밥반찬으로 아주 그만이에요.

○ 새송이버섯 2~3개

○ 마늘쫑 5~6가닥

○ 양파 1/4개

○ 까나리액젓 1작은술

○ 저염간장 1작은술

○ 소금 2~3꼬집

○ 마늘기름 2큰술 13쪽 참고

○ 후추 약간

● 마늘쫑이 없으면 셀러리 줄기나 데친 브로콜리도 좋아요.

1 마늘쫑과 새송이버섯은 손가락 마디 길이로 잘라주고, 양파는 살짝 두껍게 채썰어줍니다.

2 달구어진 팬에 마늘기름 2큰술을 두르고, 양파, 마늘쫑을 먼저 볶아줍니다. 이때 소금 2~3꼬집으로 밑간을 합니다.

3 마늘기름에 양파가 볶아지면서 달큰한 냄새가 올라올 거예요. 그때 새송이버섯을 넣고 까나리 액젓 1작은술, 저염간장 1작은술을 넣고 센불에서 볶아줍니다. 까나리액젓과 간장이 들어가면 버섯의 숨이 확 죽을 거예요. 간을 보고 싱거우면 소금과 후추를 약간씩 넣고 불을 꺼줍니다.

● 채소볶음을 할 때 약불에서 오래 볶으면 채소에서 수분이 빨리 나와요. 꼭 센불과 중불 사이에서 5분 안에 볶아주세요. 버섯에서 수분이 너무 많이 나오면 찹쌀가루 2~3꼬집을 살짝 뿌려주세요.

호박잎된장국

갈치조림

표고버섯닭가슴살조림

마른해물감자전

호박잎
된장국

여름에만 먹을 수 있는 호박잎된장국은 아주 별미랍니다. 달콤하고 구
수한 호박잎된장국에 청양고추를 넣어 깔끔하게 매운맛까지, 별스럽
지 않은데 별스럽게 느껴지는 맛이에요. 냉장고에 감자가 있으면 먹기
좋게 썰어 멸치육수를 넣고 10분 정도 끓이다가 호박잎을 넣고 10여
분 더 끓여도 아주 맛있어요.

○ 호박잎 1봉지(마트 기준)
○ 멸치육수 4컵
○ 된장 1큰술
○ 들깻가루 2큰술
○ 버섯 조금(좋아하는 버섯)
○ 청양고추 1개

1 호박잎은 줄기 부분을 꺾어서 껍질을 벗겨요. 요즘 마트에 나오는 호박잎은 너무 연해서 굳이 이렇게 하지 않아도 됩니다.
● 만약에 시골에서 노지 호박잎을 보내주셨다면 꼭 껍질을 벗겨주세요.

2 주먹을 살짝 쥐고 호박잎을 박박 주물러줍니다. 상처가 나도록 빡빡!

3 그럼 파란 물이 나올 거예요. 맑은 물이 나올 때까지 헹구어주세요.

4 냄비에 멸치육수 4컵, 3의 손질한 호박잎, 된장 1큰술을 넣고 중불에서 10여 분 정도 끓여주세요.
● 시판 된장은 크게 1큰술이고, 집된장은 염도에 따라서 살짝 조절해주세요.

5 10여 분 후 간을 보고 들깻가루 2큰술, 싱거우면 된장 1작은술을 더 넣으세요.

6 좋아하는 버섯 조금, 송송 썬 청양고추를 넣고 1~2분 정도만 더 끓이고 마무리합니다.

호박잎된장국 + 감자조림 + 표고버섯닭가슴살조림 + 미른해물감자전

갈치
조림

조림 요리는 자칫하면 짜기 쉬운데 저염간장으로 간을 해서 간이 짜지 않고 딱 떨어져요. 저는 음식에 설탕을 많이 넣는 것을 싫어해서 양파, 무, 대파로 단맛을 낸답니다. 멸치육수에 애벌로 삶아낸 무가 입안에서 사르르 녹는 것 같아요. 무 대신 감자나 둥근 애호박을 넣어도 아주 맛있답니다.

○ 생물 갈치 1마리(중간 크기)

○ 무 1/4개(중간 크기)

○ 대파 1뿌리

○ 양파 1/2개

○ 생강술 2큰술 16쪽 참고

○ 멸치육수 1/2컵

양념장+

○ 저염간장 4큰술

○ 까나리액젓 1큰술

○ 멸치육수 1/2컵

○ 고춧가루 3큰술

○ 다진 마늘 1큰술

○ 생강술 1큰술 16쪽 참고

○ 맛술 2큰술

1 분량의 **양념장+** 재료를 미리 배합해줍니다.

●무, 대파, 양파의 단맛이 충분해서 조청을 넣지 않았어요. 나중에 기호에 맞춰 추가하세요!

2 대파, 양파는 살짝 두껍게 썰어요. 무는 냄비 사이즈에 맞추어 큼직하게 썰어주세요.

●무는 너무 욕심내지 말고 적당한 폭으로 썰어야 양념이 잘 스며들어서 맛있어요.

3 마트에서 손질해준 갈치는 가볍게 씻어서 물기를 제거하고 생강술 2큰술을 뿌리고 10여 분간 그대로 두면 비린내가 많이 잡혀요.

4 냄비에 무를 한 단 깔고 멸치육수 1/2컵을 붓고 센불에서 끓여줍니다. 육수가 끓기 시작하면 뚜껑을 닫고 15분 정도 약불에서 애벌로 익혀줍니다.

5 15분 후 무가 살캉하게 익었을 거예요. 이대로 먹어도 맛있어요. 1의 **양념장** 2~3큰술을 끼얹고 갈치는 서로 겹치지 않게 가지런히 올리고 다시 양념장 3~4큰술을 올려줍니다.

6 양파와 대파를 올리고 **양념장**을 또 올려요.

7 우리 집 갈치조림 비장의 무기는 '전자레인지 무 뚜껑 덮어주기'예요. 무를 얄팍하게 썰어서 전자레인지에 1분 정도 돌려서 갈치 위에 살포시 덮어주세요.

● 무 뚜껑을 덮어주면 갈치 양념이 마르지 않고 양념 때깔이 촉촉하고 갈치살에 무의 단맛이 깊게 배어서 훨씬 맛있어져요.

8 양념이 끓기 시작하면 국자로 양념을 끼얹어 가면서 중불에서 5분 정도 조려주세요. 5분 후 뚜껑을 닫고 아주 약불에서 10여 분간 자작하게 조려주세요.

● 양념장을 다 사용해도 짜지도 싱겁지도 않을 거예요. 기호에 따라 간을 조절하세요.

표고버섯
닭가슴살조림

고기요리는 밑 준비를 어떻게 하느냐에 따라 맛이 180도 달라져요. 닭가슴살에 꼭 감자녹말가루를 입혀서 구워 주세요. 레몬소금이 들어간 데리야끼소스가 맛있어서 퍽퍽한 닭가슴살도 맛있고, 쫄깃한 표고버섯도 맛있답니다. 달콤하고 아주 조금 짭조름해서 아이들도 좋아한답니다.

- ○ 닭가슴살 1개
- ○ 생표고버섯 2개
- ○ 생강술 2큰술 16쪽 참고
- ○ 천일염 2~3꼬집
- ○ 후추 약간
- ○ 감자녹말가루 1큰술
- ○ 오일(또는 마늘기름) 1큰술

조림장⁺

- ○ 저염간장 2큰술 10쪽 참고
- ○ 조선간장 1작은술
- ○ 조청 1작은술
- ○ 맛술 1큰술
- ○ 레몬소금 1큰술 12쪽 참고
- ○ 다진 마늘 1작은술

1 분량의 **조림장**+ 재료를 미리 배합해줍니다.

2 생표고버섯은 칼을 살짝 꺾어서 사선으로 도톰
하게 썰어요.
● 표고버섯 향을 싫어하면 새송이버섯을 사용하셔도 됩니다. 아
이들 반찬으로는 새송이버섯이 더 좋아요.

3 닭고기도 표고버섯 크기로 사선으로 도톰하게
잘라줍니다.

4 닭고기에 생강술 2큰술, 천일염 2~3꼬집, 후추
약간을 넣고 밑간해서 10여 분 정도 재워주세요.
닭고기에 감자녹말가루 1큰술을 넣고 조물조물
옷을 입혀줍니다.

5 달구어진 팬에 오일 1큰술을 두르고 닭고기를
앞뒤로 노릇노릇하게 익혀줍니다.
● 마늘기름을 넣어주면 더 맛있어요.

6 팬에 1의 **조림장**＋을 넣고 중불과 약불 사이에서
닭고기와 표고버섯이 아우러지도록 뒤적여주면
서 조려줍니다.

7 조림장이 위의 사진처럼 자박자박하게 남을 때
까지 조려주세요. 간을 보고 싱거우면 천일염 2
꼬집, 후추 약간을 넣고 마무리합니다.

흑밀약된장국 + 김치조림 +
표고버섯닭가슴살조림 + 마른해물가지전

마른해물
감자전

이 레시피는 강순의 선생님의 레시피입니다. 선생님의 비법인 마른 홍새우를 넣고 부친 전이 너무 맛있어서 비 오는 날의 단골 메뉴가 되었답니다. 홍새우 대신 두절새우나 참새우를 넣어도 좋아요. 전이나 부침개를 만들 때 소금 대신 조선간장으로 간을 하면 부침개의 풍미가 아주 좋아진답니다.

○ 감자 2개(작은 것)
○ 홍새우(마른 새우) 한 줌
○ 청양고추 2개
○ 참나물 한 줌
○ 밀가루 1큰술
○ 조선간장 1작은술
○ 오일 적당량

● 참나물 대신 부추나 미나리를 넣어도 좋아요.

1 홍새우는 칼로 잘게 다져줍니다.

2 감자는 믹서기에 갈지 말고 꼭 강판에 갈아줍니다.
● 감자는 무조건 강판에 갈아서 부쳐야 거친 질감이 느껴져 입에 착~ 감기는 것이 더 맛있어요.

3 볼에 1의 홍새우, 2의 강판에 간 감자, 밀가루 1큰술, 조선간장 1작은술을 넣어줍니다.
● 감자에 끈기가 없어서 밀가루를 넣지 않으면 부침개가 부서지거나 찢어질 수 있어요.

4 3의 볼에 참나물, 청양고추를 잘게 썰어 넣고 재료가 잘 섞이도록 살살 뒤적여줍니다.

5 달구어진 팬에 오일을 넉넉히 두르고 수저를 이용해서 반죽을 한입 크기로 살포시 떠올리고 중불에서 앞뒤로 노릇노릇하게 부쳐내세요.
● 전은 오일을 넉넉히 두르고 부쳐야 바삭하고 느끼하지 않습니다. 오히려 기름을 적게 넣고 부치면 전이 기름을 전부 흡수해서 무지 느끼해져요. 무엇보다 맛이 없어 보이고 노릇노릇 바삭해지지도 않아요.

마늘밥

청국장

닭고기감자조림

꽈리고추마늘쫑찜

무생채

마늘밥

일본 여행을 갔을 때 긴자에 있는 고급 레스토랑에서 마늘밥을 정말 감동스럽게 먹었답니다. 통후추를 살짝 갈아 넣고 먹으면 마늘의 풍미가 온몸으로 전달되는 것 같아요. 진짜 심플하면서도 기가 막히게 맛있는 밥이에요.

 (2인 기준)

○ 불린 쌀 1컵 반
○ 물 1컵 반(300ml)
○ 통마늘 3~4톨
○ 대파 파란 부분만 1뿌리
○ 올리브오일 3큰술

1 냄비에 불린 쌀을 넣고 밥을 지어요. 통마늘은 살짝 두껍게 편썰기 하고, 대파의 파란 부분은 가늘게 채썰어줍니다.

2 팬에 올리브오일 3큰술을 두르고, 편으로 썬 마늘을 넣고 팬을 기울여서 약불에서 서서히 마늘을 튀기듯 볶아줍니다.

3 2~3분이 지나면 마늘이 골드브라운 색이 돼요. 수저로 마늘만 건져서 따로 담아둡니다.
●마늘을 너무 튀기면 쓴맛이 나니 꼭 사진처럼만 튀기듯 볶아주세요.

4 남은 올리브오일에 1의 채썬 대파를 넣고 아주 살짝만 볶아줍니다.

5 밥은 뜸을 다 들인 다음 볶은 마늘과 대파를 넣고 뚜껑을 닫고 3분 정도 그대로 둡니다.

6 3분 후 뚜껑을 열고 주걱으로 뒤적여줍니다. 그럼 마늘 향과 대파의 풍미가 폴폴 올라올 거예요.

청국장

저는 된장찌개나 청국장찌개를 끓일 때 양파를 넣지 않아요. 처음엔 괜찮은데 먹다 보면 달큰해져서 전체적인 밸런스를 망쳐버리더라고요. 저는 그날그날 냉장고 사정에 맞게 두부, 무, 애호박, 대파, 청양고추 등 좋아하는 재료를 나박나박 썰어 넣고 끓인답니다.

○ 두부 조금
○ 무 조금
○ 애호박 조금
○ 대파 조금
○ 청양고추 2개
○ 된장 1큰술
○ 저염청국장 2큰술
○ 멸치육수 1컵 반

1 두부는 먹기 좋게 썰고, 무는 나박썰기 하고, 애호박은 반달썰기 해요. 대파와 청양고추는 송송 썰어요.

2 뚝배기에 멸치육수 1컵 반, 무, 애호박을 넣고 10분 정도 끓여줍니다.

3 2의 무와 애호박이 살캉하게 익었다 싶으면 두부, 된장 1큰술, 청국장 2큰술을 넣어줍니다. 청국장을 넣은 후에는 너무 오래 끓이지 말고 5분 내에 완성하는 것이 좋아요.

4 간을 보고 '아이고~ 밥 비며 먹기 딱 좋다!' 싶으면 청양고추랑 대파를 넣고 마무리해요.

닭고기
감자조림

저염간장을 이용한 조림장으로 조려내 간이 짜지 않아요. 잘 조려진
닭다리살이 땡글땡글 맛있어요. 포실포실한 감자만 건져내 밥에 비
벼 먹어도 맛있어요. 반찬 투정하는 아이들도 딱 좋아할만한 반찬이
랍니다.

○ 닭고기 다리살 정육 2장
○ 감자 1개(중간 크기)
○ 통마늘 1톨
○ 멸치육수 1/2컵
○ 생강술(또는 청주) 1큰술 16쪽 참고
○ 소금 2~3꼬집
○ 후추 약간

조림장⁺
○ 저염간장 4큰술 10쪽 참고
○ 조선간장 1큰술
○ 조청 1큰술
○ 맛술 2큰술

1 분량의 **조림장⁺** 재료를 미리 배합해줍니다.

2 닭고기는 먹기 좋게 한입 크기로 자르고, 팔팔 끓인 물 3컵을 붓고 1분 정도 그대로 둡니다.
● 뜨거운 물에 닭고기를 데치면 잡내가 없어져 맛이 한결 깔끔해져요.

3 1분 후 찬물에 헹구어 체에 받쳐 물기를 빼고 생강술 1큰술, 소금 2~3꼬집, 후추 약간을 넣고 밑간을 합니다.

4 감자는 껍질을 벗겨서 듬성듬성 한입 크기로 썰어줍니다.

5 두꺼운 냄비에 손질한 감자와 닭고기를 넣고 멸치육수 1/2컵을 부어줍니다.

6 5에 마늘 1톨을 편으로 썰어 넣어주세요.

7 끓기 시작하면 1의 **조림장**⁺을 넣고 스테인리스 수저를 꽂은 다음 뚜껑을 닫고 약불에서 10여 분 간 은은하게 조려줍니다.

● 구기자가 있으면 몇 알 넣고 조려도 아주 좋아요.

8 10여 분 후 간을 보고 싱거우면 소금을 약간 더 해줘요. 젓가락으로 감자를 찔러 보고 감자가 덜 익었으면 3~4분 더 조려줍니다.
● 저염간장과 멸치육수를 넣고 조려 짜지 않고 간이 똑 떨어져 서 아이들 밥반찬으로 좋아요.

꽈리고추
마늘쫑찜

궁합이 좋은 꽈리고추와 마늘쫑을 찐득한 고춧가루 양념으로 버무렸
어요. 꽈리고추찜은 식구들이 다 좋아하는 반찬인데 쪄내는 과정이 좀
귀찮아서 솔직히 하기 싫을 때가 많죠. 나 혼자 먹는 밥상이라면 요렇
게 귀한 반찬은 절대 안 한다는 걸 식구들은 알란가 모르겠어요.

○ 꽈리고추 1/2봉지
○ 마늘쫑 8가닥
○ 밀가루 2큰술
○ 참기름 약간
양념장
○ 고춧가루 1큰술
○ 저염간장 2큰술 **10쪽 참고**
○ 조선간장 1큰술
○ 물엿 1작은술
○ 참기름 1큰술
○ 다진 마늘 1/2작은술

1 꽈리고추는 깨끗하게 씻어 꼭지를 제거하고, 마늘쫑도 먹기 좋게 잘라줍니다.

2 채소에 물기가 있을 때 밀가루 2큰술 넣고 가볍게 버무려줍니다. 저는 밀가루가 많이 묻은 것이 좋아서 꽈리고추, 마늘쫑의 물기를 빼지 않고 바로 밀가루옷을 입혔어요.

3 분량의 **양념장**➕ 재료를 미리 배합해줍니다.

4 냄비의 물이 끓기 시작하면 찜기에 밀가루옷을 입힌 꽈리고추와 마늘쫑을 넣고 뚜껑을 닫고 딱 5분 정도 익혀주세요.

● 좀 풋풋한 식감을 좋아하면 3분 정도만 익혀주세요.

5 4의 꽈리고추와 마늘쫑은 한김 식힌 다음 3의 **양념장**➕을 넣고 버무려줍니다. 다 버무린 다음 참기름 1~2방울을 넣어주세요.

무생채

제가 늘 자신 있게 만들어내는 무생채. 별거 아닌 반찬 같지만 우리 집 무생채를 드신 분들은 꼭 레시피를 알려 달라고 하세요. 전자레인지를 이용한 단촛물이 저의 비법이랍니다. 하얀 밥에 무생채와 청국장찌개를 넣고 비벼 먹으면 끝내주게 맛있답니다.

○ 무 1/4개(큰 것 기준)
○ 고춧가루 2~3큰술
○ 새우젓국물 1큰술
○ 다진 마늘 1/2작은술
○ 대파 파란 부분 조금

단촛물+
○ 양조식초 3큰술
○ 설탕 1작은술
○ 다진 마늘 약간
○ 천일염 1/2작은술

1 내열볼에 분량의 **단촛물⁺** 재료를 넣고 전자레인지에 30초 정도 돌려서 설탕을 녹여줍니다.
  ● 이 과정은 설탕을 녹여주는 역할만 하는 것이 아니라 촛물을 부드럽게 만들어줘요.

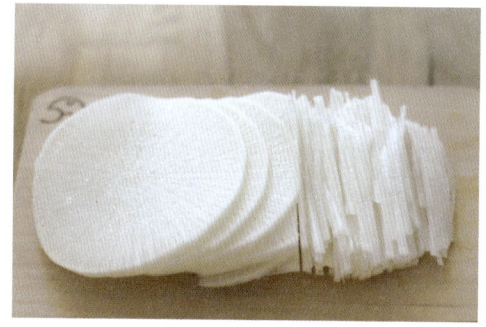

2 무는 최대한 가늘게 채썰어줍니다.

3 채썬 무에 1의 단촛물을 붓고 고춧가루 2큰술, 새우젓국물 1큰술, 다진 마늘 1/2작은술을 넣고 버무려줍니다.

4 대파의 파란 부분을 가늘게 송송 썰어 넣고 버무려 20여 분 그대로 둡니다. 아직까지 무가 빳빳할 거예요. 뭘 더 넣으려고 하지마세요. 20분 후 수양버들처럼 야리야리해집니다.
  ● 저는 무생채를 소금에 절여 짜내지 않습니다. 무생채는 무의 시원한 맛으로 먹는 반찬이에요. 국물이 자박하게 있어야 생채가 끝까지 맛있었어요.

5 20분 후 요렇게 숨이 죽어서 얌전해졌어요. 이때 간을 보고 싱거우면 소금을 약간 넣고, 신맛이 부족하면 식초 1큰술을 더하고 마무리합니다.
  ● 무생채를 할 때 채칼을 사용하면 무가 금방 숨이 죽고 수분이 꽤 많이 나오지만, 칼로 채썰면 수분도 덜 나오고 시원하게 오래 두고 먹을 수 있어요.

소고기뭇국

우럭조림

깻잎순조림

유자청멸치볶음

소고기
뭇국

깔끔하고 담백한 소고기뭇국을 미리 볶아놓은 소고기로 10분 만에 뚝
딱 끓였어요. 시원하고 구수한 맛이 수준급이라 말하지 않으면 누구도
이렇게 간단하게 끓인 국인지 모를 거예요. 밥이 1/3쯤 남았을 때 국에
말아 호로록 먹으면 그 맛이 정말 끝내줘요.

○ 무 1/4개(작은 것 기준)
○ 볶음 소고기 5~6큰술 16쪽 참고
○ 대파 1뿌리
○ 통마늘 1톨
○ 조선간장 1작은술
○ 멸치육수 3~4컵
○ 소금 1/3작은술
○ 후추 약간

1 냉동실에 보관해둔 볶음 소고기 5~6큰술은 미리 해동해 조선간장 1작은술을 넣고 밑간합니다.

2 무는 너무 두껍지 않게 나박나박 썰고, 대파는 송송 썰어요.

3 냄비에 멸치육수 3~4컵과 무를 넣고 끓이다가 육수가 끓기 시작하면 1의 소고기, 편으로 썬 마늘을 넣어줍니다.

4 끓으면서 고기에서 기름과 거품이 올라오면 살짝 걷어내요. 약불로 줄이고 뚜껑을 살짝 비스듬하게 닫고 10여 분간 끓여줍니다.

5 10여 분 후 대파를 넣고 1분 정도 더 끓여줍니다. 이때 간을 보고 후추 약간, 소금 1/3작은술(2~3 꼬집) 정도 넣으면 간이 딱 맞을 거예요.

우럭
조림

간장에 조려 먹는 생선은 도미나 우럭이 최고로 맛있어요. 저는 도미머리조림을 좋아하는데 일식당에 가면 짜지 않게 해달라고 해도 언제나 너무 짜더라고요. 이 우럭조림은 싱겁지도 짜지도 않고 간이 딱 떨어지고 속살이 탱글 탱글 하답니다. 손님 초대상에 내놓았는데 드시면서 다들 칭찬이 끊임이 없어서 제 어깨가 우쭐우쭐하네요.

○ 우럭 1마리(큰 것)

○ 표고버섯 2개

○ 꽈리고추 5~6개

○ 마늘기름 3큰술 13쪽 참고

○ 녹말가루 1~2큰술

조림장+

○ 멸치육수 1/4컵

○ 청주(백화수복) 1/4컵

○ 저염간장 4큰술

○ 조선간장 2큰술

○ 맛술 2큰술

○ 조청 1큰술

○ 생강청 1작은술 15쪽 참고

1 분량의 **조림장**⁺ 재료를 미리 배합해줍니다.

2 표고버섯과 꽈리고추는 썰지 않고 그대로 이용할 거예요.

3 우럭은 꼭 큰 사이즈를 구입하세요. 양옆에 팔랑거리는 지느러미는 가위로 잘라줍니다.
  ●탕을 끓일 때는 작은 것이 좋고, 우럭탕수나 조림을 할 때는 큰 것이 좋아요.

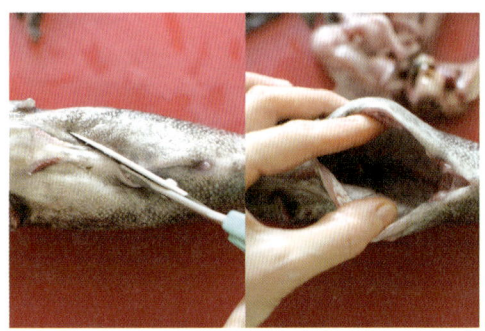

4 칼이 아니고 꼭 주방 쪽가위로 배를 가르고 손을 집어넣어 내장을 깨끗하게 제거해줍니다.
  ●생선은 비늘과 내장만 잘 정리해도 비린내의 80%는 잡혀요~.

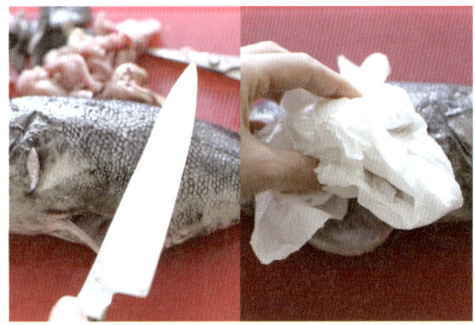

5 칼등으로 비늘을 꼼꼼하게 벗겨내고 흐르는 물에 씻어 키친타월로 물기를 완전히 제거해줍니다.

6 우럭 앞뒤에 감자녹말가루를 꼼꼼하게 묻혀줍니다.
  ●녹말가루를 입혀서 기름에 구워야 조림장에 조릴 때 생선살이 부서지지 않아요.

7 달구어진 팬에 마늘기름을 넉넉히 두르고 우럭을 살포시 올려 중불에서 앞뒤로 바싹 구워줍니다. 우럭을 앞뒤로 뒤집어 구울 때 마늘이 탈 수 있으니 꼭 마늘을 우럭 위로 전부 올려줍니다.

8 팬에 1의 **조림장**⁺을 붓고 조림장이 끓기 시작하고 5분 정도 중불과 약불 사이에서 국자로 조림장을 우럭에 끼얹어가면서 집중해서 정성껏 조려줍니다.

9 5~6분 후 표고버섯, 꽈리고추를 넣고 호일을 꼭 엉성하게 덮고 약불에서 5~6분 정도 우럭 속살까지 익도록 자박자박 은은하게 조려줍니다.
● 호일뚜껑을 덮으면 적당량의 수분을 유지하면서 양념이 잘 스며들어요.

10 짜잔 완성입니다! 마지막쯤 **조림장**⁺이 자박자박하게 있어야 짜지 않고 생선살이 촉촉합니다. 주걱 두 개를 이용해 우럭을 조심스럽게 접시에 담아줍니다.
● 간장소스가 있는 일품요리는 오목한 그릇에 담아 소스가 중앙으로 모이게 해주세요.
● 취향에 따라 파채를 곁들여내세요.

깻잎순
조림

초보 주부님들은 은근 나물 반찬을 귀찮아하시는 경우가 많더라고
요. 깻잎순조림은 만드는 과정이 복잡하지 않고 간단해서 누구나 쉽
게 만들 수 있으니 도전하세요. 조림장이 자작해지도록 조려내면 은
근 밥도둑이랍니다.

○ 깻잎순 1봉지(마트 기준)
○ 국물용 멸치 10마리 정도
○ 들기름 약간
조림장⁺
○ 멸치육수 1컵
○ 저염간장 2큰술 10쪽 참고
○ 조선간장 1큰술
○ 맛술 1큰술
○ 조청 1작은술
○ 다진 마늘 1작은술

1 분량의 **조림장**+ 재료를 미리 배합해줍니다.

2 멸치는 내장과 머리를 제거하고 잘게 찢어줍니다. 듬성듬성 가위로 잘라도 됩니다.

3 깻잎순은 질긴 대 부분은 제거하고 잎만 사용할게요. 손질한 깻잎순은 깨끗하게 씻어서 체에 밭쳐 물기를 빼줍니다.

4 팬에 1의 **조림장**+, 깻잎순, 멸치를 넣고 중불과 약불 사이에서 자박자박하게 조려줍니다. 이때 조림장을 너무 바짝 조리지마세요.

5 조림상이 자작자작해지면 불을 끄고 마무리합니다. 마지막에 들기름을 살짝~ 뿌려주세요.
 ● 깻잎순조림은 조림장이 살짝 남아 있어야 촉촉하게 드실 수 있습니다.

유자청
멸치볶음

잔멸치는 다른 멸치에 비해 염도가 높아요. 물엿을 넉넉히 넣으면 멸치의 짠맛이 물엿으로 반 이상 빠져 나오기 때문에 물엿을 듬뿍 넣고 촉촉하게 볶아야 간이 딱 떨어진답니다. 처음엔 살짝 달다 싶지만 하루 정도 지나면 짠맛이 물엿으로 빠지면서 간이 똑~ 떨어지니 걱정하지 마세요. 유자청을 넣어 유자향이 은은하니 아이들이 먹기 딱~ 좋아요.

○ 세멸치(잔멸치) 3주먹

○ 물엿 1/2컵

○ 유자차나 유자청 2큰술

○ 저염간장 2큰술

○ 오일 5큰술

○ 꿀 1큰술

1 멸치는 사진처럼 한 움큼 쥐어서 3주먹을 준비
해요.

2 팬에 오일을 넉넉히 5큰술을 두르고 불을 켜줍
니다. 너무 달구지 말고 바로 멸치를 넣고 1~2분
정도 중불과 약불 사이에서 가볍게 살살 볶아줍
니다. 볶은 멸치는 접시에 따로 담아둡니다.

● 멸치볶음은 오일을 넉넉히 두르고 재빠르게 튀기듯 볶아야 물
엿을 넣어도 붙지않아요.

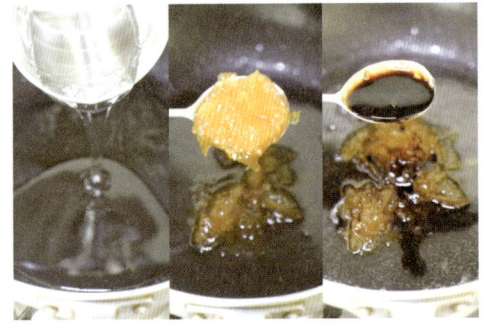

3 멸치를 볶았던 팬에 물엿 1/2컵, 유자차 2큰술,
저염간장 2큰술을 넣고 와르르~ 끓어오르면 불
을 꺼줍니다.

● 유자차입니다. 멸치볶음에 넣으면 아주 맛있답니다~.

4 불을 끈 상태에서 미리 볶아 놓았던 멸치를 넣어
줍니다.

●전 멸치를 냉동 보관하기 때문에 잡내나 비린내가 거의 없어
요. 그래서 마른 팬에 볶거나 청주, 마늘, 생강을 넣지 않아요. 양
념이 아주 심플합니다.

5 불을 켜고 약불에서 서서히 볶아줍니다. 물엿이
사진처럼 자박자박해질 때까지만 조려줍니다.

●물엿과 유자청이 촉촉하게 있으면 이 멸치볶음은 성공한 거예
요. 물엿이 많다고 걱정하지 마시고 빨리 불을 꺼주세요!

6 볶은 멸치는 여열이 남아 있는 팬에 그대로 두지
마시고 넓은 그릇에 담고 꿀을 넣어요.

●꿀은 꼭 마지막쯤에 넣어주세요. 맛의 차이는 여기서 나옵니
다.

7 볶은 멸치는 살살 버무려주고 부채나 선풍기로
열을 식혀줍니다. 그래야 멸치가 눅눅해지지 않
고 오래 두고 먹을 수 있어요.

소고기목국 + 우엉조림 +
깻잎순조림 + 유자청멸치볶음

소고기배춧국

오징어폭탄볶음

소고기연근조림

소고기
배춧국

소화가 잘 되는 배추에 소고기를 넣고 끓여 시원하면서 구수하고 속까
지 편해지는 것 같아요. 미리 볶아놓은 소고기를 넣고 끓여 10분만에
후다닥 끓여냈어요. 취향에 따라 청양고추를 송송 썰어 넣으면 개운하
니 좋아요.

 (2인 기준)

○ 알배추 3~4장
○ 볶음 소고기 3큰술 16쪽 참고
○ 느타리버섯 조금
○ 대파 조금
○ 멸치육수 3컵
○ 조선간장 1작은술
○ 다진 마늘 1/2작은술
○ 소금 3~4꼬집
○ 후추 약간

1 얼려놓은 볶음 소고기 3큰술은 미지근한 물에 중탕으로 담가두면 30분 안에 해동됩니다.

2 해동된 볶음 소고기에 조선간장 1작은술을 넣고 밑간을 합니다.

3 알배추는 어슷어슷하게 썰고, 느타리버섯은 가늘게 찢어줍니다. 대파는 좋아하는 스타일로 어슷어슷하게 썰어도 좋고, 손가락 마디 길이로 썰어도 좋습니다.
● 식재료 썰기는 공식이 없습니다. 그날그날 기분과 리듬에 맞추어 기분 좋게 썰어주세요.

4 냄비에 멸치육수 3컵을 붓고 끓이다가 끓기 시작하면 배추, 대파, 다진 마늘, 2의 밑간한 볶음 소고기를 넣어줍니다.

5 10여 분 정도 끓이다가 버섯도 넣어줍니다. 이때 간을 보고 싱거우면 소금 3~4꼬집을 넣어주세요. 후추를 약간 넣고 마무리합니다.

오징어
폭탄볶음

이름이 재밌죠? 양념한 오징어를 호일로 감싸 팬
에 올려 중심 온도의 압을 이용해서 조리해 냄새
없이 야들야들 부들부들한 식감의 오징어를 즐길
수 있을 거예요~. 칼집을 정성스럽게 넣어 그 사
이사이로 양념이 잘 스며들어 완전 맛있어요. 밥
반찬으로도 좋고 술안주로도 좋답니다.

○ 오징어 1마리(큰 것, 작은 오징어는 2마리)
○ 양파 1/2개
○ 대파 2뿌리
○ 마늘기름 2큰술 13쪽 참고
○ 생강술 1큰술 16쪽 참고
○ 고춧가루 1큰술
○ 부추나 미나리 적당량

고추기름+
○ 고춧가루 2큰술
○ 오일 2큰술

양념장+
○ 고추장 1큰술
○ 저염간장 2큰술
○ 조선간장 1큰술
○ 조청 1큰술
○ 맛술 2큰술
○ 꿀 1작은술
○ 다진 마늘 1큰술
○ 생강술 1큰술 10쪽 참고

● 당근이나 애호박 등 좋아하는 채소를 추가해도
됩니다.

1 분량의 **고추기름**+ 재료를 섞어 고추기름을 미리
내줍니다. 저의 오징어볶음 양념은 이 과정이 제
일 중요해요.

2 1의 **고추기름**+에 분량의 **양념장**+ 재료를 넣고 배
합해줍니다.
● 고추장이 들어갈 땐 꿀 1작은술을 넣으면 궁합이 깔끔하고 단
맛이 고급스러워요.

3 대파, 양파는 호방하게 썰어요. 양념이 강하게
들어갈 땐 채소를 큼직큼직하게 썰어야 채소에
서 수분이 덜 나오고 식감도 좋아요.

4 오징어는 내장을 정리하고 반으로 나누어줍니다.

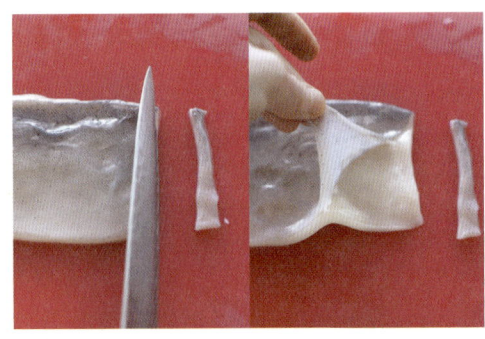

5 오징어 밑단을 싹둑 잘라내고 오징어 껍질을 벗겨주면 2~3초 만에 홀라당 벗겨집니다.

6 오징어는 내장이 있던 쪽으로 뒤집어 칼집을 사선으로 살짝살짝 넣어줍니다.

● 칼을 일자로 세워서 칼집을 넣으면 나도 모르게 싹둑 자르게 되니, 꼭 사선으로 쓱쓱~ 칼집을 넣으세요.

7 반대방향으로 한 번 더 칼집을 넣고 먹기 좋게 듬성듬성 썰어줍니다. 오징어 다리와 머리도 먹기 좋게 손질해요.

● 칼집을 넣고 안 넣고, 껍질을 벗기고 안 벗기고의 맛의 차이는 분명히 있습니다.

8 7의 볼에 손질한 오징어를 모두 담고 생강술 1큰술을 넣고 조물조물 버무려 비린내를 잡아줍니다. 바로 고춧가루 1큰술을 넣고 버무려줍니다.

● 마른 고춧가루를 넣고 먼저 버무려주면 볶을 때 오징어에서 나오는 수분을 막을 수 있어요.

9 오징어에 2의 **양념장**을 넣고 조물조물 버무린 다음 잠시 대기해줍니다.

10 달구어진 팬에 마늘기름 2큰술, 3의 양파, 대파를 넣고 센불에서 1~2분 정도 불맛나게 휘리릭~ 볶아줍니다.

11 큼직한 접시에 알루미늄호일을 깔고 그 위에 종이호일을 깔아주세요. 종이호일 위에 10의 볶은 채소를 올리고, 양념한 오징어를 올려줍니다.

12 호일을 오므려 요렇게 '오징어 폭탄'을 만들어줍니다.

13 꼭 두께감이 있는 팬에 12의 오징어폭탄을 올리고 뚜껑을 닫고 중불과 약불 사이에서 '10분 타이머'를 맞추고 익혀주세요. 10분 후 호일을 열면 오징어볶음이 완성되어 있을 거예요. 호일을 살짝 오므려 접시 위에 그대로 올리고 오징어 위에 부추나 미나리를 먹기 좋게 썰어 가지런히 올려내세요.

소고기
연근조림

보통 많이 드시는 연근조림을 하면 저희 식구들이 잘 안 먹어서 소고기를 넣고 조리니 정말 많이 먹게 되네요. 연근의 사각거림과 소고기의 씹히는 식감이 잘 어우러진 맛이 좋아요. 혼자서 한 접시 독식할 정도로 좋아하는 반찬이에요.

○ 연근 1개(작은 것)
○ 볶음 소고기 3큰술 16쪽 참고
○ 마늘기름 2큰술 13쪽 참고
조림장+
○ 저염간장 3큰술
○ 조선간장 1큰술
○ 조청 1작은술
○ 맛술 1큰술
○ 생강술(또는 청주) 1큰술 16쪽 참고

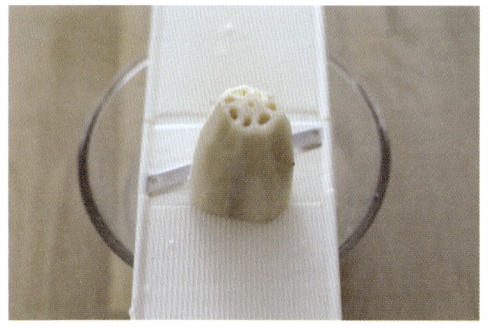

1 연근은 꼭 채칼로 슬라이스해줍니다.

2 연근은 끓는 물에 1분 정도 데쳐줍니다. 바로 찬 물에 담가 헹궈주고 체에 밭쳐 물기를 빼줍니다.

3 달구어진 팬에 마늘기름 2큰술을 두르고 연근을 넣고 1분 정도 볶아줍니다.

4 팬에 볶음 소고기 3큰술, 분량의 **조림장**˚을 넣고 자박자박하게 조려줍니다.

5 조림장이 자박하게 남아 있을 때 간을 보고 싱거 우면 소금 2~3꼬집을, 단맛이 부족하면 조청 1 작은술을 더하고 불을 꺼줍니다.

뚝배기 파불고기

해파리냉채

간장우렁이

뚝배기
파불고기

불고기에 파채를 듬뿍 올려 먹는 그 맛은 정말 갑 중의 갑이랍니다. 전 맛있는 불고기 국물에 꼭 밥을 넣고 비벼
먹어요. 세일할 때 불고기감을 많이 사다가 한 번 먹을 분량씩 소분해 잘 보관해두면 요 맛있는 뚝배기 파불고기
를 자주 해 드실 수 있어요. 기호에 따라 당면 한 줌을 충분히 불려서 곁들여도 좋아요.

 (2인 기준)

○ 소고기 불고기감 200g

○ 대파 3뿌리 정도

○ 표고버섯 2개

○ 양파 1/4개

○ 멸치육수 1컵

○ 오일 1큰술

고기 밑간+

○ 배즙 3큰술

○ 생강술 2큰술 16쪽 참고

○ 천일염 3~4꼬집

○ 후추 약간

불고기 양념장+

○ 저염간장 4큰술

○ 조선간장 1큰술

○ 맛술 1큰술

○ 생강청 1작은술(생강청이 없으면 조청 1작은술) 15쪽 참고

○ 다진 마늘 1작은술

1 대파 1/2뿌리는 어슷어슷 썰고, 양파와 표고버섯은 두껍게 채썰어줍니다.

2 분량의 **불고기 양념장**⁺ 재료를 미리 배합해줍니다.
 ● 생강청이 없으면 조청 1작은술을 넣어줍니다.

3 대파 2뿌리 정도를 가늘게 채썰어 10분 정도 찬물에 담가두면 파채가 살아납니다. 파채는 체에 받쳐 물기를 빼줍니다.

4 소고기는 먹기 좋게 듬성듬성 썰어 분량의 **고기 밑간**⁺ 재료를 넣고 조물조물 밑간해 20분간 그대로 둡니다.

5 20분 후 2의 **불고기 양념장**⁺을 붓고 조물조물 버무려줍니다.

● 저는 보통 저녁에 먹을 거면 점심쯤 불고기를 양념에 재워서 냉장고에 보관해요.

6 달구어진 팬에 오일 1큰술을 두르고 양파, 대파, 양념한 소고기를 넣고 센불에서 반 정도만 익혀줍니다. 이때 뭉쳐있던 소고기를 하나하나 풀어주면서 볶는 것이 제일 중요해요.

7 달구어진 뚝배기에 6의 팬에서 볶은 소고기를 넣고 뜨거운 멸치육수를 부어줍니다.

● 차가운 멸치육수를 넣으면 고기에서 육즙이 빠져나오니 꼭 뜨거운 멸치육수를 부어줍니다.

8 끓어오르면 간을 보고 싱거우면 저염간장 1큰술, 소금 약간을 더하세요. 마지막으로 표고버섯, 파채를 올리고 마무리합니다.

● 기호에 따라 불린 당면을 준비해 이때 한 줌 넣어주셔도 좋아요.

해파리냉채

처음엔 블로그에 공개하기 싫었을 정도로 요거요거 완전 인기쟁이 메뉴랍니다. 손님 초대상에 애피타이저로 내면 모두 좋아할 거예요. 해파리냉채는 먹기 하루 전날 작업이 완전 중요해요. 해파리에 단촛물을 붓고 냉장고에서 하루 숙성시켜야 해요. 요게 바로 탱글탱글한 해파리냉채를 만드는 비법 중의 비법이에요. 겨자소스는 식탁 위에서 고급지게 뿌려주세요~.

(2~3인 기준, 애피타이저용)

- ○ 염장 해파리 115g 작은 팩 1개
- ○ 청오이나 가시오이 1/2개
- ○ 냉동 새우 6마리(큰 것)
- ○ 마늘기름 1작은술 13쪽 참고
- ○ 생강술(또는 청주) 1큰술 16쪽 참고
- ○ 후추 약간

단촛물+

- ○ 양조식초 6큰술
- ○ 맛술 1큰술
- ○ 설탕 2큰술
- ○ 소금 1/3작은술

겨자소스+

- ○ 투브 겨자 1작은술
- ○ 저염간장 2큰술 10쪽 참고
- ○ 설탕 1작은술
- ○ 양조식초 1큰술
- ○ 맛술 1큰술
- ○ 다진 마늘 1/2작은술
- ○ 레몬소금 1큰술 12쪽 참고

● 레몬소금이 없으면 설탕 1/2작은술을 추가해요.

1 내열볼에 분량의 **단촛물**⁺ 재료를 넣고 랩을 씌우지 않고 전자레인지에서 1분간 찡~ 돌려주고 설탕과 소금은 수저로 저어가면서 녹여 한김 식혀줍니다.

● 꼭 양조식초입니다. 다른 식초는 산도가 높아서 제가 제시한 레시피랑 완전 다른 맛이 나요.

2 염장한 해파리는 물에 담가 1시간 정도 짠맛을 빼줍니다. 중간중간 물을 3~4번 정도 갈아주세요.

3 1시간 후 해파리는 체에 밭치고 팔팔~ 끓인 물 3컵 정도를 샤워하듯 끼얹어 데쳐줍니다.

● 해파리를 끓는 물에 데치면 빤스 고무줄처럼 가늘게 줄어듭니다. 소스가 아무리 특급 레시피라도 이대로 드시면 노란고무줄처럼 질기고 아무 맛이 없습니다. 이제 이 아이를 아주 맛나게 숙성시킬 거예요.

4 해파리에 1의 **단촛물**⁺을 붓고 랩을 씌워 냉장고에서 하루 동안 숙성시키세요. 시간이 없으면 반나절도 좋습니다.

5 단촛물에 숙성시킨 해파리를 다음 날 꺼내면 띵띵글글 콜라겐처럼 아주아주 찰지고 쫀득합니다.

6 분량의 **겨자소스**+ 재료를 섞어주세요. 간을 보고 취향에 따라 겨자 양을 늘려주셔도 됩니다.
● 냉채용 소스는 미리 만들어 냉장고에 차갑게 보관했다가 상에 낼 때 부어주세요.

7 냉채를 할 땐 힘없는 백오이보다는 가시오이나 청오이가 좋아요. 가시오이는 어슷어슷하게 썰어서 가늘게 채썰어줍니다.
● 백오이는 소금으로 닦을 필요 없고, 요런 가시오이를 소금으로 문질러 닦는 거예요.

8 냉동 새우는 미리 꺼내 냉장 해동하고 2등분으로 포를 떠줍니다. 포를 뜨면 자연스럽게 내장도 보이니 정리해주세요.

9 달구어진 팬에 마늘기름 1작은술을 두르고 손질한 새우, 생강술을 넣고 아주 살짝 볶아주세요. 마지막에 후추 약간만!
● 새우는 데치는 것보다 마늘기름에 살짝 볶는 것이 뽀득뽀득한 식감이 있고 50배는 더 맛있어요.

10 소스가 중앙으로 모일 수 있는 오목한 접시에 오이채를 가지런히 각 잡아 놓고 그 위에 숙성이 잘 된 해파리를 안정감 있게 올려줍니다. 새우는 접시 옆에 예쁘게 데코하고, 겨자 소스는 곁들여냅니다.

간장
우렁이

갓 지은 하얀 밥을 수저로 듬뿍 뜨고 그 위에 간장우렁이를 올려보세
요. 쫀득한 우렁이 살과 적당히 짭조름한 감칠맛 나는 간장소스 때문
에 웬만한 밥도둑은 접근 금지입니다! 우리 집 특급 반찬이라 진심으
로 공개하고 싶지 않았던 레시피이니 꼭 한번 해보세요. 드실 때 청양
고추를 송송 썰어 넣으면 더 맛있어요.

○ 자숙 우렁이 2컵
○ 다시마 1조각
○ 사과 1/4개
○ 양파 1/4개
○ 대파 조금
○ 통마늘 3톨
간장소스 +
○ 저염간장 1/2컵
○ 조선간장 1/4컵
○ 조청 1/2컵
○ 청주 1/4컵
○ 맛술 1/4컵

1 다시마, 사과, 양파, 대파, 마늘은 듬성듬성 썰어
  줍니다.

2 냄비에 분량의 **간장소스**⁺ 재료와 1의 재료를 넣
  고 끓이다가 바글바글 끓어오르면 뚜껑을 닫고
  5분 정도 아주아주 약불에서 자작자작하게 끓여
  줍니다.

3 5분 후 체에 밭쳐 2의 간장소스를 걸러내 완전히
  식혀줍니다.

4 자숙 우렁이는 생물이 아니니 끓는 물을 부어서
  가볍게 샤워하듯 데쳐주세요.

5 3의 간장소스를 데친 우렁이가 자박하게 잠길
  정도로 부어주세요.

6 간장우렁이는 하룻밤 냉장 숙성해서 드시면 됩
  니다.
  ● 청양고추 1개를 송송 썰어서 곁들여주시면 맵싸하니 더 맛있
  습니다.

전복미역국

차돌박이잡채

로스편채

전복
미역국

정성과 마음을 표현하고 싶은 생일날, 미역국에 전복을 넣고 끓였어요. 자연산 돌미역으로 끓여 오래 끓여도 미역이 풀어지지 않고 쫀쫀하고 깊은 바다 냄새까지 난답니다. 마지막에 넣어 끓인 전복의 쫄깃쫄깃한 식감이 아주 좋아요. 까나리액젓으로 간을 해 국물이 감칠맛이 나는게 끝내준답니다.

(2인 기준)

○ 미역 2줌 정도

○ 전복 2마리

○ 멸치육수 4컵

○ 까나리액젓 1큰술

○ 참기름 2큰술

○ 다진 마늘 2작은술

○ 생강술 2큰술 16쪽 참고

1 자연산 돌미역은 먹기 좋게 가위로 잘라줍니다.
  ● 자연산 미역은 양식 미역처럼 부서지지 않고 다시마처럼 꾸덕꾸덕 말캉말캉해요. 자연산만이 가질 수 있는 힘이죠^^.

2 미역은 물에 불리지 말고 빡빡 문질러서 짠맛과 텁텁한 맛을 빼내주세요. 물을 갈아가면서 5~6회 정도 씻어줍니다.
  ● 양식 미역을 물에 불려서 끓이면 코처럼 다 풀어져서 그 미역국은 폭삭 망한 거예요.

3 미역은 물기를 꽉 짜고 체에 받쳐 대기해줍니다.

4 전복은 솔로 빡빡 닦아서 수저나 칼로 살을 도려내줍니다. 전복 입과 이빨 부분은 살짝 제거해줍니다.
  ● 손으로 눌러보면 딱딱한 빨간 전복 이빨이 만져지고 보여요.

5 전복은 먹기 좋게 듬성듬성 썰고 다진 마늘 1작은술, 생강술 2큰술을 넣어 비린내를 잡아줍니다.

6 팬에 참기름 1큰술을 두르고 손질한 전복을 넣고 중불과 약불 사이에서 살살~ 볶아서 따로 접시에 담아둡니다.

7 전복을 볶았던 팬에 손질한 미역, 참기름 1큰술, 다진 마늘 1작은술, 까나리액젓 1큰술을 넣고 달달 볶아줍니다. 이때 미역에서 단맛이 서서히 올라오도록 약불에서 1~2분 정도 볶아줍니다. 미역을 볶을 때 맛있는 미역 냄새가 진동하면 잘 볶아진 거예요.

● 센불에서 볶으면 팬에 미역이 달라붙고 마늘은 타고 정신없어요. 꼭 약불이에요. 그래야 미역의 단맛이 잘 우러나옵니다.
● 좋은 까나리액젓이 없으면 국간장과 조선간장을 넣고 하셔도 됩니다. 나중에 미역국 맛이 뭔가 밋밋하다 싶으면 응급 처치로 저염간장 1큰술을 넣으면 감칠맛이 확~ 살아납니다.

8 멸치육수 4컵을 붓고 센불에서 바글바글~ 끓기 시작하면 수저 하나를 꽂고 뚜껑을 닫고 아주아주 약불에서 30~40분 정도 뭉근하게 끓여주세요.

9 40분 후 간을 보고 싱거우면 까나리액젓을 아주 살짝 더하고 6의 볶아놓은 전복을 넣고 5분 정도 더 끓이세요.

● 전복을 처음부터 넣고 끓이면 전복이 질겨지고, 아무 맛이 안 나더라고요. 마지막에 넣어주면 쫄깃쫄깃 기분 좋게 드실 수 있어요.

차돌박이잡채

저는 잡채를 만들 때 한 번 먹을 만큼만 만들어요. 그래야 당면이 쫄깃하고 온도감이 있어 맛있는 것 같아요. 사진이 많아 과정이 복잡해 보이지만 직접 해보시면 채소를 볶고 당면만 넣어주었을 뿐 10여 분만에 만들 수 있는 간단 요리입니다. 겁먹지 마세요~. 만들어 놓으면 인기짱입니다.

 (2인 기준)

○ 당면 한 줌
○ 냉동 차돌박이 2줌 정도
○ 목이버섯 2개
○ 양파 1/4개
○ 배추잎(줄기 부분만) 2장
○ 애호박 1/3개
○ 표고버섯 1개
○ 청양고추 1개
○ 마늘기름 1큰술 13쪽 참고
○ 소금 3~4꼬집
○ 참기름 2큰술

간장양념⁺
○ 멸수육수 3큰술
○ 저염간장 3큰술
○ 조선간장 1큰술
○ 조청 1큰술
○ 맛술 2큰술
○ 다진 마늘 1작은술

1 당면은 가위로 3등분으로 잘라 불려줍니다. 그래야 잡채를 완성했을 때 먹기 편하고 당면끼리 엉기지 않아요.

2 당면은 꼭 찬물에 2시간 이상 충분히 불려줍니다. 뜨거운 물에 불리면 볶을 때 떡처럼 녹아 내려요. 당면은 손으로 끊어질 정도로 불렸으면 오케이! 저는 3시간 정도 불렸어요.

● 저는 잡채를 대용량으로 만들지 않기 때문에 따로 삶지 않고 바로 볶아서 사용해요. 불린 당면이 쫄깃하고 더 맛있었어요.

3 분량의 **간장양념⁺** 재료를 미리 배합해줍니다.

4 애호박은 돌려깎기 해줍니다. 씨 부분만 제외하고 채썰어줍니다.

5 청양고추는 반으로 갈라서 씨를 제거하고 채썰어줍니다.

● 청양고추를 넣으면 차돌박이의 느끼함이 확~ 잡혀요. 매운맛을 싫어하면 넣지 않아도 됩니다.

6 목이버섯은 미지근한 물에 10여 분간 불려서 깨끗하게 씻고 먹기 좋게 잘라요.

7 표고버섯, 배추잎, 양파를 채썰어줍니다. 저는 잡채에 들어가는 부재료들을 정해놓지 않고 그때그때 냉장고 사정과 계절에 맞게 넣어요.

8 냉동된 차돌박이는 절대로 해동하지 마시고 냉동된 상태에서 먹기 좋게 듬성듬성 썰어줍니다.

9 달구어진 팬에 마늘기름 1큰술을 두르고 양파, 배추를 넣고 센불에서 먼저 볶아줍니다.

10 애호박, 표고버섯, 목이버섯, 청양고추를 넣고 센불에서 후다닥 볶아줍니다.

11 이때 소금 3~4꼬집으로 밑간을 해줍니다. 전체적으로 채소들이 어느 정도 숨이 죽었다 싶으면 불을 끄고 접시에 담아둡니다.

12 채소를 볶았던 팬에 차돌박이, 3의 **간장양념**+ 3큰술을 넣고 자글자글 볶아줍니다. 팬을 기울여 차돌박이의 기름은 제외하고 고기만 건져냅니다.

13 차돌박이를 볶았던 팬에 충분히 불린 당면, 참기름 2큰술을 넣고 볶아줍니다.

14 당면이 나른하게 숨이 죽으면 3의 **간장양념**+ 을 다 붓고 끓이다가 와르르 끓어오르고 간장양념이 촉촉할 때 바로 불을 꺼줍니다.
● 간장양념이 바짝 졸아들면 큰일납니다. 망해요.

15 꼭 불을 끄고 간장양념이 촉촉할 때 볶아놓았던 차돌박이와 채소들을 넣고 뒤적여줍니다. 이때 드셔보면 간이 딱 맞을 거예요. 그래도 싱겁다 싶으면 소금 살짝~.

로스편채

전기밥통에서 익힌 고기를 2~3일 동안 냉장 숙성 시키면 소고기의 질긴 근육도 다 풀어지고 만족스러운 로스편채가 나올 거예요. 입에서 살살 녹는 로스편채에 향긋한 파채를 올리고 겨자소스를 곁들여 드시면 자연스럽게 엄지가 척 올라갑니다.

 (2~3인 기준)

○ 소고기 홍두깨살 500g

○ 양파 조금

○ 대파 조금

○ 통후추 · 소금 약간씩

○ 오일 약간

○ 중간 크기 지퍼백 1개

○ 끓는 물 5컵

간장소스⁺

○ 양파 1/2개

○ 저염간장 4큰술

○ 맛술 4큰술

○ 생강술 1큰술 16쪽 참고

○ 양조식초 1큰술

○ 다진 마늘 1작은술

겨자소스⁺

○ 숙성된 간장소스 4큰술

○ 튜브 겨자 1작은술

○ 레몬소금 1큰술 12쪽 참고

○ 저염간장 1큰술

○ 올리브오일 1큰술

○ 설탕 1작은술

○ 다진 마늘 1작은술

1 대형 마트 말고 동네 정육점에 가서서 겉만 살짝 익혀서 먹는 로스편채용으로 '등급 좋은 1++ 홍두깨살'을 준비해달라고 미리 말씀하시고 사진처럼 덩어리로 잘라달라고 하세요.
● 식구 수가 많다고 500g 두덩이를 한꺼번에 밥통에 넣지 마시고 두 번에 나누어 하세요.

2 핏물은 빼지 않아도 됩니다. 사방에 통후추와 소금을 살짝 뿌려서 밑간해 10분 정도 그대로 두세요. 소금 간은 너무 강하게 하지 말고 한 면당 2~3꼬집씩 해주세요.

3 달구어진 팬에 오일을 살짝 두르고 소고기를 올려요. 육즙이 빠져 나가지 않게 한 면당 30초씩 센불에서 소고기 전체의 겉면만 살짝 익혀줍니다.
● 냄새가 좀 강하게 나지만 2~3분만 참으면 진짜 맛있는 로스편채를 먹을 수 있어요.

4 사방으로 익힌 소고기는 10분 정도 휴지합니다. 그동안 소고기를 예술로 숙성시켜 줄 간장소스를 만들어 볼게요.

5 분량의 **간장소스⁺** 재료 중 양파는 강판에 갈아 나머지 재료와 배합해줍니다.
● 꼭 양조식초를 넣어주세요.

6 팬에 5의 **간장소스⁺**를 붓고 와르르~ 끓여줍니다. 사진처럼 끓어오르면 불을 끄세요.

7 지퍼팩에 4의 겉만 익힌 소고기, 6의 **간장소스⁺**를 넣어줍니다. 간장소스는 뜨거울 때 넣어줍니다.

8 지퍼팩은 주먹 한 개 정도의 공기만 남도록 하고 끈으로 바짝~ 묶어줍니다. 공기가 조금 있어야 밥통 안에서 동동 떠 있어요.

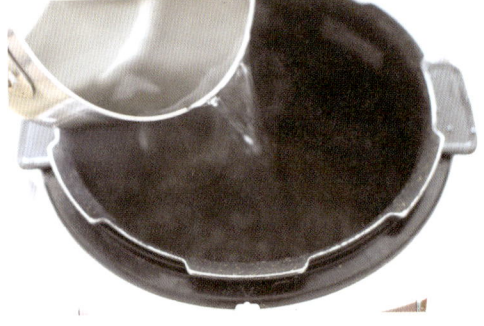

9 미리 보온 기능으로 세팅한 전기밥통에 팔팔~ 끓는 물 5컵을 부어줍니다.

10 고기를 넣은 지퍼팩을 전기밥통에 살포시 넣
고 뚜껑을 닫고 꼭 보온 기능을 누르고 핸드
폰 알람을 40분으로 세팅해요.

●제가 사용한 밥통은 압력 기능이 있는 전기밥통입니다.

11 핸드폰 알람이 울리면 곧바로 밥통으로 갑니
다! 밥통에서 지퍼팩을 꺼내 끈을 풀고 완전
히 식혀줍니다.

12 완전히 식으면 다시 끈을 묶어서 냉장고에 넣
고 2~3일 동안 냉장 숙성시킵니다.

13 냉장 숙성 3일 후 개봉!

14 고기는 종잇장처럼 얄팍하게 썰어야 말 그대
로 '로스편채'입니다.

●꼭 칼을 갈아주시고 집중해서 썰어주세요. 두껍게 썰면 그
맛이 안 나요.

15 겨자소스＋를 만들어요. 고기를 담갔던 간장소
스 4큰술을 덜어내 나머지 분량의 겨자소스
재료와 배합해줍니다. 로스편채에 곁들여드
세요.

●겨자 양은 취향에 따라 조절하고, 레몬소금이 없으면 넣지
않아도 됩니다.

●대파 하얀 부분과 양파를 가늘게 채썰어(채칼 이용) 얼음물에
담갔다 물기를 빼고 로스편채에 곁들여내세요.

쑥갓밥

일본식 닭고기전골

셀러리초무침

고추장멸치볶음

쑥갓밥

뜸을 다 들인 밥에 쑥갓을 쫑쫑~ 썰어 넣고 1분 정도만 더 뜸을 들이면 된답니다. 은은한 쑥갓의 풍미가 입안에서 맴도는 것이 은근 맛있답니다. 보기만 해도 건강해 보이는 쑥갓밥을 부모님이 오셨을 때 내어보세요.

 (2인 기준)

○ 불린 쌀 2컵
○ 물 2컵
○ 쑥갓 반 줌
○ 들기름(또는 참기름) 1큰술

1 냄비에 불린 쌀을 넣고 밥을 지어요. 밥물이 자작해졌을 쯤 10여 분간 뜸을 들여줍니다. 마지막 단계에서 쑥갓을 송송 썰어 넣고 뚜껑을 닫고 2~3분 정도만 더 뜸을 들여요.

2 2~3분 후 뚜껑을 열어보면 쑥갓 향이 굉장히 좋을 거예요. 취향에 따라 들기름이나 참기름을 넣고 살살 뒤적여 그릇에 담아주세요.

일본식
닭고기전골

날씨가 쌀쌀한 날 보글보글 따뜻한 전골을 끓여서 국물을 한 숟갈 떠먹어 보세요. 국물 한 모금의 따뜻한 기운이
몸속까지 전달될 거예요. 쫄깃쫄깃 탱글거리는 닭고기 다리살을 레몬소금이 들어간 새콤한 소스에 찍어 먹으면
눈이 번쩍 뜨이는 느낌이에요. 채소와 버섯을 좋아하시면 넉넉하게 준비해 멸치육수를 보충해가면서 드세요.

(2~3인 기준)

○ 닭고기 다리살 1팩(350g, 4장)

○ 무 1/4개(중간 크기)

○ 대파 1뿌리

○ 배추잎 2장

○ 좋아하는 버섯 적당량

○ 멸치육수 2컵

○ 통마늘 1톨

간장소스+

○ 저염간장 2큰술

○ 레몬소금 1큰술 12쪽 참고

○ 양조식초 1큰술

닭고기 밑간+

○ 천일염 3~4꼬집

○ 조선간장 1작은술

○ 다진 마늘 아주 조금

○ 후추 약간

● 멸치육수는 넉넉히 준비해서 수시로 부어 드세요.

쑥갓밥 + 일본식 닭고기전골 + 샐러리초무침 + 고추장멸치볶음

1 분량의 **간장소스**⁺ 재료를 미리 배합해줍니다. 간장소스는 전골 속 닭고기와 채소를 건져 먹을 때 곁들이세요.

2 무는 파란 부분보다 하얀 부분에 수분이 더 많아요. 하얀 부분을 강판에 갈아주세요.

3 전골에 들어가는 재료들은 간단해요. 배추잎은 먹기 좋은 크기로 썰고, 버섯은 먹기 좋은 크기로 찢어줍니다. 채소나 버섯을 좋아하는 분들은 사진보다 넉넉히 준비해 그때그때 육수를 보충해 드시면 됩니다.

4 대파 하얀 부분을 통으로 잘라서 기름을 두르지 않은 팬에 넣고 뚜껑을 닫고 앞뒤로 노릇하게 구워줍니다.

● 대파를 구우면 파가 더 달고 국물이 구수해져요~. 이 과정을 하는 것과 안하는 것은 맛 차이가 5배는 난답니다.

5 닭고기는 먹기 좋은 크기로 잘라주세요.

6 닭고기에 팔팔~ 끓인 물 3~4컵을 부어서 씻어 내면 육즙은 빠지지 않고 정말 불필요한 핏물, 잡내, 불순물만 빠져 나온답니다.

7 1~2분 후 닭고기를 찬물에 헹구어내고 체에 밭쳐 물기를 완전히 빼줍니다. 닭고기는 분량의 **닭고기 밑간⁺** 재료를 넣고 조물조물 밑간해줍니다.

●꼭 조선간장으로 밑간해주셔야 해요.

8 냄비에 7의 닭고기, 멸치육수 1컵 반을 붓고 뚜껑을 비스듬하게 닫고 5분 정도 익혀줍니다.

●꼭 닭고기를 먼저 넣고 5분 정도 익혀주세요.

9 5분 후 멸치육수를 조금 더 보충하고 구운 대파, 배추, 버섯, 편으로 썬 마늘 1톨을 가지런히 넣어줍니다. 국물이 다시 끓기 시작하면 간을 보고 천일염을 3~4꼬집 정도 더하면 딱 맞을 거예요~.

●전골은 끓이면서 간이 진해지기 때문에 처음엔 삼삼하게 간을 맞춰주세요.

10 워머가 있으면 식탁 위에서 무즙을 올려주고, 워머가 없으면 9번 과정에서 무를 올리고 3분 정도 더 끓여 무가 따뜻해졌을 때 불을 끄고 식탁에 올리세요.

셀러리
초무침

중식당에서 반찬으로 나오는 자차이, 그 맛이 납니다! 칼칼한 깻잎고추기름이 맛의 포인트인데 아주아주 맛있어요. 셀러리 대신 오이로 하셔도 됩니다. 셀러리를 이용한 반찬이 뭐가 있지 하시는 분들이 많은데 고기를 넣고 볶아도 좋고, 초무침으로 무쳐 먹고, 간장 장아찌로 담아도 아주 고급스런 반찬이 된답니다.

○ 셀러리대 3개
○ 양파 1/2개
○ 깻잎고추기름 1큰술 **14쪽 참고**
단촛물+
○ 양조식초 3큰술
○ 설탕 1큰술 반
○ 소금 1작은술

1 내열볼에 분량의 **단촛물**+ 재료를 넣고 랩을 씌우고 않고 전자레인지에서 30~40초 정도 찡~ 돌려줍니다. 찬물에 중탕으로 단촛물을 한김 식혀줍니다.

　● 요것이 별거 아닌 것 같아도 식초 맛이 굉장히 부드러워져서 입에 촉촉하게 감기게 해줍니다.

2 셀러리는 사선으로 어슷어슷 가늘게 채썰어줍니다. 양파도 셀러리처럼 가늘게 채썰어줍니다.

3 볼에 셀러리와 양파를 넣고, 1의 **단촛물**+을 부어줍니다.

4 가볍게 뒤적여주고 무거운 접시를 덮고 딱 30분 동안 재워둡니다.

5 30분 후 채소의 숨이 죽고 나른해졌어요. 깻잎고추기름 1큰술을 넣고 가볍게 버무려주세요. 저는 깻잎고추기름이 맛나서 그릇에 담고 살짝 더 곁들였어요~.

고추장
멸치볶음

멸치볶음을 만들 때 마지막에 꿀을 넣고, 안 넣고는 냉장 보관할 때 맛
과 질이 완전 달라져요. 냉장고에 넣고 시간이 지나면 멸치가 고추장
양념 때문에 돌처럼 딱딱해지는데 꿀 한 수저를 넣으면 시간이 지나도
딱딱해지지 않고 한 달이 지나도 멸치볶음이 촉촉하고 윤기가 좔좔 흐
르는 고급스러운 밑반찬으로 드실 수 있어요.

○ 국물용 멸치 크게 2줌
○ 오일 5큰술
○ 꿀 1큰술
고추장양념+
○ 찰쌀고추장 크게 떠서 1큰술
○ 조청 2큰술
○ 맛술 1큰술
○ 저염간장 1큰술

1 분량의 **고추장양념**+ 재료를 미리 배합해줍니다. 그 외에는 아무것도 넣지 마세요. 한식은 단순하게 접근했을 때 더 깊은 맛이 나기도 해요.

2 멸치는 내장과 머리를 제거하세요.

3 팬에 오일을 넉넉히 5큰술을 두르고 불을 켜줍니다. 열기가 약간 올라오면 멸치를 넣고 아주 살짝만 튀기듯 볶아줍니다. 볶은 멸치는 따로 담아둡니다.

4 멸치를 볶았던 팬에 1의 **고추장양념**+을 넣고 바글바글 끓어오르면 불을 꺼줍니다.

5 꼭 불을 끈 상태에서 미리 볶아놓았던 3의 멸치를 넣고 고추장양념에 잘 버무려줍니다.

6 멸치볶음의 핵심 포인트는 이 상태에서 꿀을 넣고 뒤적여주는 거예요.
● 메이플시럽, 아가베시럽, 물엿은 절대 안 됩니다. 꼭 꿀이에요. 좋은 꿀은 필요 없고, 마트에서 저렴하게 판매하는 꿀이면 됩니다.

대파마늘볶음밥
중식 유린기

대파마늘
볶음밥

마늘기름에 불맛나게 잘 볶아낸 대파의 그윽한 풍미와 까나리액젓의
감칠맛이 어우러져 정말 맛있어요. 조미료, 햄, 버터 등을 이용해서 볶
음밥 만들지 마시고, 요 심플한 볶음밥 한번 만들어 보세요. 후회하지
않으실 거예요.

 (2인 기준)

○ 공기밥 1공기 반
○ 굵은 대파 2뿌리
○ 마늘기름 2큰술 13쪽 참고
○ 저염간장 1큰술
○ 까나리액젓 1작은술
○ 소금 · 후추 약간씩

1 대파는 송송 썰고, 마늘기름을 준비해줍니다.
 ●대파는 단단하고 대가 굵은 것이 단맛도 좋고 볶았을 때 풍미
 가 좋아요.

2 달구어진 팬에 마늘기름 2큰술을 듬뿍 두르고
 대파를 넣고 센불에서 불맛나게 볶아줍니다.
 ●마늘기름이 없으면 통마늘 5통을 살짝 두껍게 편썰어 넣어 주
 세요.

3 저염간장 1큰술, 까나리액젓 1작은술을 넣고 볶
 아요.
 ●백령도산 까나리액젓은 염도가 낮고 냄새가 없어요.

 ●까나리액젓이 없으면 저염간장 1큰술, 조선간장 1작은술을 넣어요.

4 팬에 살짝 온기가 있는 공기밥을 넣어줍니다. 집
 에서는 중식당보다 화력이 약해서 온기가 있는
 밥을 넣는 것이 정답입니다.

5 센불에서 1~2분 더 볶다가 간을 보고 싱거우면
 소금을 약간 넣고, 후추를 살짝 뿌려 마무리해
 요.

대파마늘볶음밥 + 중식 유린기

중식
유린기

새콤하고 매콤한 소스에 곁들여 먹는 고급진 중식 닭고기 요리입니다. 우리 입맛에 아주 잘 맞아서 그런지 누구나 좋아하지만 특히 여성분들에게 완전 사랑을 받는 메뉴죠. 유린기는 기본적으로 소스가 맛있어야 해요. 아무리 닭을 잘 튀겨도 소스 맛이 별루면 망한 거예요. 저염간장과 레몬소금의 조합이라면 걱정 하지 않아도 된답니다.

 (2인 기준)

○ 닭고기 다리살 3장

○ 오일 2컵 반(500ml)

○ 양상추 1/4개

○ 대파 하얀 부분 1뿌리

○ 달걀 1개

○ 감자녹말가루 5큰술

닭고기 밑간+

○ 생강술 1큰술 16쪽 참고

○ 소금 3~4꼬집

○ 후추 약간

단촛물+

○ 저염간장 3큰술

○ 양조식초 3큰술

○ 설탕 1큰술

○ 소금 2~3꼬집

○ 맛술 1큰술

유린기소스+

○ 단촛물

○ 청양고추 1개

○ 레몬소금 1큰술 12쪽 참고

○ 다진 마늘 1작은술

1 내열볼에 분량의 **단촛물**⁺ 재료를 넣고 전자레인지에서 30~40초 정도 돌려줍니다. 단촛물은 한 김 식혀 랩을 씌우고 냉장고에서 차갑게 식혀줍니다.

● 상큼하고 새콤하게 먹는 소스라 2시간 전에 미리 만들어 아주 차갑게 식혀줍니다. 시간이 없으면 냉동실에서 식혀줍니다.

2 차갑게 식힌 **단촛물**⁺에 송송 썬 청양고추, 레몬소금 1큰술, 다진 마늘 1작은술을 넣어줍니다. 맛있는 **유린기소스**⁺완성!

3 닭고기는 생강술 1큰술, 소금 3~4꼬집, 후추 약간을 넣고 밑간을 하고 잡내를 잡아줍니다. 10분 정도 그대로 둡니다.

4 달걀을 곱게 풀어서 다 붓지 마시고 '꼭 1/3만' 닭고기에 부어주세요. 닭고기보다 달걀물이 많으면 바삭바삭하지 않고 튀김옷이 금방 눅눅해집니다. 20번 정도 조물조물 치대면 닭고기 육질이 부드러워져요.

5 4에 감자녹말가루 5큰술을 넣고 조물조물 버무려서 닭고기에 바삭한 튀김옷을 입혀줍니다.

6 코팅된 팬에 오일을 붓고 중불과 약불 사이에서 서서히 온도를 올려줍니다. 2~3분 후 쌀이나 굵은소금 한 톨을 넣어 보고 보글보글 하얀 기포가 올라오면 튀김하기 딱 좋은 타이밍입니다. 튀김옷을 입힌 닭고기를 살포시 넣어줍니다. 한꺼번에 넣지 말고 1조각을 넣고 2~3분 후 1조각을 넣어주세요.

● 오일의 온도를 체크할 때 기포가 힘이 없으면 1~2분 정도 더 기다려주세요.
● 차가운 고기를 2조각씩 넣으면 오일의 온도가 갑자기 떨어져서 튀김이 눅눅해질 수 있어요.

7 닭고기를 앞뒤로 뒤집어가면서 노릇하게 튀겨 체에 건져 1~2분간 쉬어줍니다. 1~2분 사이에 오일의 온도가 많이 올라갑니다.

8 체로 건졌던 고기를 다시 튀겨줍니다. '2번' 튀기면 겉은 바삭, 속살은 육즙이 촉촉한 닭고기튀김이 됩니다.

9 양상추는 큼직큼직하게 썰어서 접시에 가지런히 펴줍니다. 양상추 위에 튀긴 닭고기를 올려줄거니 안정감있게 깔아줍니다.

10 바삭하게 튀긴 닭고기는 먹기 좋게 썰어 양상추 위에 올리고 취향에 따라 파채를 곁들여주세요. 파채는 하얀 부분만 채썰어주세요.

초잡채

갈비찜 같은 고기요리를 할 때 항상 곁들이는 초잡채는 저희 집 인기쟁이 메뉴랍니다. 우리 할매가 공개하지 말라고 한 메뉴 중 하나인데 전격 공개해요~. 알록달록한 파프리카와 식감이 좋은 팽이버섯으로 새콤달콤한 샐러드로 만들어 칼로리 높은 고기요리나 명절음식에 곁들이면 좋아요. 익히지 않은 팽이버섯을 먹어보면 버섯의 신세계에 빠지실 거예요~.

🍲 (2~3인 기준)
파프리카 1/4개, 팽이버섯 1통(작은 사이즈), 우엉 1뿌리, 양파 1/4개, 당근 1/4개, 청양고추 1개(취향에 따라)
단촛물➕ 양조식초 3큰술, 저염간장 2큰술, 설탕 1큰술, 소금 2~3꼬집
양념➕ 튜브 겨자 1작은술, 레몬소금 1큰술 12쪽 참고

1 내열볼에 분량의 **단촛물➕** 재료를 넣고 전자레인지에 30초 찡~ 돌려줍니다. 30초 후 설탕이 녹도록 수저로 저어주고 찬물에 중탕으로 식혀줍니다.

2 한김 식힌 단촛물에 레몬소금, 겨자를 넣고 잘 풀어줍니다. 랩을 씌워 냉장고에 넣어 차갑게 식혀줍니다.

3 팽이버섯은 밑둥을 제거해줍니다. 양이 많아 보여도 나중에 숨이 죽기 때문에 괜찮아요.

● 초잡채엔 팽이버섯을 익히지 않고 생으로 사용해요. 생으로 먹는 것이 생소하겠지만 샐러드로 먹을 때 익히지 않은 것이 제일 맛있습니다. 뽀송뽀송한 팽이버섯의 신세계를 발견할 거예요.

4 우엉과 당근은 채칼을 이용해 아주 가늘게 채썰어줍니다. 파프리카, 양파, 청양고추도 우엉과 당근처럼 아주 가늘게 채썰어줍니다.

● 아이들과 같이 먹을 거면 청양고추는 넣지 않아도 됩니다.

5 우엉은 끓는 물에 1분 정도 데쳐줍니다. 1분 후 당근을 넣고 딱 5초 정도만 데치고 바로 찬물에 헹구어 체에 밭쳐 물기를 빼줍니다.

6 큰 볼에 팽이버섯, 데친 우엉, 당근, 양파, 파프리카를 담고 차갑게 식힌 2의 양념을 넣고 버무려주세요. 간을 보고 싱거우면 소금 2~3꼬집 정도 넣어주세요.

알타리무피클

피클을 잘 담아 먹지 않지만 알타리무피클은 가끔 담아 먹어요.
알타리무피클은 많이 달지도, 짜지도 않고, 아삭아삭한 식감이 어떤 피클과도
비교할 수 없을 거예요. 꼭 담아보세요. 그 맛에 100% 반하실 거예요.
치킨을 드실 때도 알타리무피클을 곁들여 드세요.

알타리무의 무만 1단, 다시마 1조각, 구기자 조금
단촛물+ 양조식초 2컵, 물 1컵, 설탕 1컵, 천일염 1큰술

1 냄비에 분량의 **단촛물**+ 재료를 넣어줍니다.
● 꼭 양조식초입니다. 다른 종류의 식초는 산도가 완전 달라요.

2 저는 집간장+조선간장을 1/2컵 넣고 만드는 편인데 집집마다 집간장 염도가 다르니 깔끔하게 천일염으로 넣고, 간장의 감칠맛을 대신 해줄 다시마 한 조각 넣어줄게요.

3 구기자를 넣고 끓여주세요. 구기자가 없으면 넣지 않아도 상관없어요.
● 이웃님들께서 구기자가 너무 비싸다고 하시는데, 마트는 비싸더라고요. 네이버에서 청양구기자를 검색하면 마트보다 질 좋은 구기자를 저렴하게 구입할 수 있어요.

4 바글바글 끓어오르면 불을 꺼줍니다. 저는 피클이나 장아찌 담을 때 단촛물이 뜨거울 때 붓지 않아요. 한김 식혀서 미지근할 때 부어줍니다.

5 알타리무 한 단 중에 무만 사용할게요. 감자칼로 껍질을 벗겨주세요.

6 알타리무는 채칼로 슬라이스 해줍니다. 손을 베일 수 있으니 반 정도만 슬라이스 해주세요. 방향은 사진처럼 놓고 동그라미 부분을 잡고 밀어주세요.

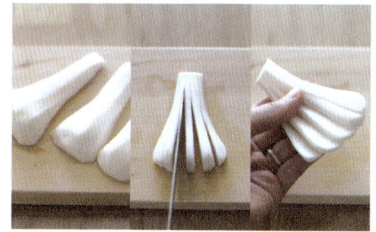

7 채칼로 밀고 남은 조각들은 끝부분 2~3cm만 남기고 칼집을 넣어줍니다. 요렇게 작업해 놓으면 접시에 담아도 굉장히 얌전하고 예뻐요. 하나하나 뜯어 먹어도 되니 드시기 편합니다.

8 슬라이스한 알타리무는 가지런히 반찬통에 각잡아 넣어줍니다. 단촛물을 가득 채워서 붓지 말고 살짝 자박자박하게 부어줍니다. 시간이 지나면서 알타리무에서도 수분이 꽤 나오거든요.

9 알타리무 위에 무거운 접시를 하나 덮어주세요. 알타리무는 조직도 단단하고 질겨서 적어도 3~4일은 냉장 숙성 해서 드세요.

콘슬로우

지팡이 할아버지네 가면 꼭 먹게 되는 콘슬로우.
간단해 보여 집에서 만들어 보면 은근 그 맛이 안 나더라고요.
일본 셰프 할아버지가 소스 비율을 알려주셨는데
연유가 들어가더라고요. 치킨과 무의 궁합도 좋지만,
콘슬로우와 닭의 궁합은 천상의 궁합이랍니다.

 (2인 기준)
옥수수캔 5~6큰술, 양배추 조금, 양파 1/2개
소스+
마요네즈 4~5큰술, 식초 1큰술, 레몬소금 1큰술 12쪽 참고,
소금 1/3작은술(3꼬집), 연유 2작은술

1 양배추와 양파는 채칼로 썰어줍니다.

2 양배추와 양파는 차가운 물(얼음물)에 담가 사각사각한 식감을 줍니다. 저는 미리 채썰어 냉장고에 30분 정도 넣어두었어요.
● 물에 담가두었던 채소들은 꼭 채소 탈수기에 넣고 물기 없이 준비해줍니다. 키친타월에 올려서라도 뽀송하게 준비해요.

3 볼에 분량의 **소스+** 재료를 넣고 섞어주세요. 소금은 기호에 맞게 가감하고, 연유가 없으면 설탕을 넣으셔도 됩니다.

4 볼에 준비한 2의 채소와 옥수수캔, **소스+** 를 넣고 버무려주세요.

감자채샐러드

제가 참 좋아하는 샐러드예요. 산미와 간이
딱 제 스타일이고, 먹고 있으면 그냥 행복해서
3일내내 만들어 먹은 적도 있답니다. 샐러드드레싱에 넣은
레몬이 몸 안의 불순물을 쫙쫙 빼주는 역할을 하니
잘 붓는 분들에게 추천해드리고 싶어요.

 (2인 기준)
감자 1개, 비타민 잎채소 조금, 양파 1/4개
샐러드드레싱+
레몬소금 2큰술 12쪽 참고, 올리브오일 2큰술, 설탕 1작은술,
양조식초 1큰술, 다진 마늘 1/2작은술, 소금 3꼬집, 후추 약간

1 분량의 **샐러드드레싱+** 재료를 미리 배합
해줍니다. 심플하고 특히 여성들의 몸에
딱 맞는 건강한 드레싱이라 제가 아주 좋
아해요.

2 감자는 채칼을 이용해서 가늘게 채썰어
줍니다.

3 2의 감자는 끓는 물에 딱 30초만 데쳐줍니
다. 깜빡하고 너무 오래 데치면 감자채의
아삭함이 사려져 그냥 망합니다!

4 데친 감자채는 찬물에 여러 번 헹구어 체
에 밭쳐 물기를 빼줍니다.

5 볼에 슬라이스한 양파, 데친 감자채, 비타
민, 1의 **샐러드드레싱+**을 넣고 가볍게 버
무려주세요.

Part 3   당근정말시러의 우리집 강력추천 레시피

아가용 애호박 비빔국수

매운 걸 못 먹는 아이들을 위한 아가국수^^. 달달한 애호박과 불고기 맛이 나는 소고기가 들어가서 아기들이 손으로 잘 집어 먹을 거예요. 먹기 직전에 참기름을 살짝쿵~ 넣고 비벼주세요. 아기에겐 칼국수면 보다 중면이 더 좋아요.

1 냉동실에 보관 중인 볶음 소고기를 꺼내서 아가용 국수를 만들어요.

 (1인분 유아용)

○ 중면 1인분
○ 채썬 애호박 두 줌
○ 채썬 양파 한 줌
○ 볶음 소고기 2~3큰술 16쪽 참고
○ 마늘기름 1큰술 13쪽 참고

간장양념+
○ 멸치육수 3큰술
○ 저염간장 2큰술
○ 조선간장 1/2작은술
○ 맛술 1큰술

2 달구어진 팬에 마늘기름 1큰술을 두르고 채썬 애호박과 양파를 먼저 넣고 볶아줍니다.

3 볶음 소고기 2~3큰술, 분량의 **간장양념+** 재료를 넣고 채소에서 수분이 빠져 국물이 자박자박해질 때까지 볶아 삶은 국수 위에 올려주세요. 국수 대신 밥 위에 올려도 좋아요.

아기용 애호박비빔국수

치즈누룽지
감자채전

만들기 무섭게 사라지는 바삭바삭하고 쫀득쫀득한 부침개. 치즈 냄
새와 대패삼겹살 냄새가 식욕을 자극해서 젓가락을 멈출 수가 없답
니다. 취향에 따라 케첩을 곁들여 드시면 피자 맛도 잠깐잠깐 스칩
니다. 저는 혼자서 맥주랑 부침개 2장을 거뜬하게 먹는 답니다.

 **(1장 분량)**

○ 감자 1개(큰 것)
○ 피자치즈 2줌
○ 대패삼겹살 조금
○ 감자녹말가루 2큰술
○ 소금 2~3꼬집

1 감자는 껍질을 벗겨 슬라이스용 채칼로 가늘게 채썰어줍니다. 최대한 가늘게~ 가늘게!

2 채썬 감자는 맑은 물이 나올 때까지 2~3번 헹군 다음 물에 20분 정도 담가 전분기를 빼줍니다. 감자의 전분기가 완전히 빠져야 부침개를 부쳤을 때 바삭하고 쫄깃해요.

3 냉동 대패삼겹살은 꼭 냉동된 상태에서 듬성듬성 가위로 잘라줍니다.

4 20분 후 감자채는 체에 밭쳐 물기를 빼고 감자녹말가루 2큰술, 소금 2~3꼬집을 넣고 손으로 고루 섞어줍니다.

5 달구어진 팬에 피자치즈 2줌을 고루고루 뿌려줍니다.

6 그럼 사진처럼 뽀글뽀글 기포가 올라옵니다.
● 대패삼겹살이 없으면 오일 2큰술을 두르고 치즈를 뿌려줍니다. 저는 대패삼겹살의 기름만으로 충분해서 생략했어요.

7 바로 4의 감자채를 올리고 손으로 평평하게 눌러가면서 펴주세요.

8 3의 대패삼겹살을 듬성듬성 올려줍니다.

9 중불과 약불 사이에서 2~3분 정도 지져주고 뒤집개로 살포시 들어봅니다. 치즈누룽지가 겁나 맛나게 되었지요? 그럼 바로 뒤집어줍니다.

10 치즈와 대패삼겹살의 냄새가 끝내주네요. 뒤집개로 꾹꾹 눌러가면서 익혀주세요. 그럼 완전 바삭바삭 쫀득쫀득!!

옛날
떡볶이

오직 떡만 넣고 정성스럽게 만든 떡볶이입니다. 요즘 유행하는 체인점 떡볶이 맛은 아니에요. 저염간장과 고춧가루로만 맛을 내어 양념 맛이 솔직해요. 양념에 한번 볶아서 떡에 간이 쏙~ 배어 있고, 설탕 대신 조청을 넣어 많이 달지도 않아요. 어묵이나 삶은 달걀을 좋아하시는 분들은 준비해서 넣어주세요. 깻잎채나 파채를 조금 올려서 쓱쓱 비벼 먹어도 아주 맛있었어요.

○ 떡볶이 떡 2~3줌
○ 대파 1뿌리
○ 양파 1/4개
○ 멸치육수 1/2컵 18쪽 참고
고춧가루양념⁺
○ 고춧가루 3큰술
○ 오일 3큰술
떡볶이양념⁺
○ 저염간장 3큰술 10쪽 참고
○ 조선간장 1작은술
○ 맛술 2큰술
○ 조청 2큰술
○ 다진 마늘 1작은술

1 고춧가루 3큰술에 오일 3큰술을 넣고 반나절 정도 불려 **고춧가루양념**+을 만들어줍니다. 시간이 없으면 2~3시간 정도라도 불려주세요. 물에 불리는 것보다 오일에 불리면 굉장히 맛있게 변신한답니다.

2 5~6시간 후 **고춧가루양념**+에 분량의 **떡볶이양념**+ 재료를 넣고 배합해줍니다.
   ●이 양념장은 크게 달지 않아요. 나중에 취향에 따라 꿀을 아주 조금 더 넣으면 고급지게 달달해져요.

3 제가 떡을 떡집에서 막 가져와서 말캉말캉한데, 냉동실에 있던 딱딱한 떡은 가닥가닥 뜯어서 끓는 물에 가볍게 데쳐줍니다. 대파는 길쭉길쭉, 어슷어슷하게 썰고, 양파는 살짝 두껍게 채썰어줍니다.

4 달구어진 팬에 대파, 양파, 떡, 2의 양념장을 넣고 중불과 약불 사이에서 떡에 양념이 배이도록 볶아줍니다. 양념이 기름으로 숙성되어서 떡과 함께 볶는 것이 훨씬 맛있어요.

5 양념이 볶아지는 냄새가 나기 시작하면 멸치육수 1/2컵을 붓고 끓이면 금세 농도가 끈적해질 거예요.

●만약 순대, 만두, 튀김을 찍어 드시려면 여기서 멸치육수를 더 부어주셔도 됩니다. 떡에 전분기가 있어서 멸치육수를 조금 더 부어도 많이 싱거워지지 않아요.

아가용
간장떡볶이

매운 걸 못 먹는 아이들을 위해 볶음 소고기와 저염간장으로 맛을 냈어요. 짜지도 많이 달지도 않아 아이들이 먹기에 딱~ 좋을 거예요. 집에 놀러 온 꼬마 손님에게 만들어 주니 나중에 남은 양념에 밥까지 비벼 먹더라고요.

○ 떡볶이 떡 1~2줌
○ 애호박 1/3개
○ 양파 1/4개
○ 말린 표고버섯 2개
○ 멸치육수 1/4컵
○ 참기름 1큰술
○ 마늘기름 1큰술 13쪽 참고
○ 소금 2~3꼬집

양념장+

○ 볶음 소고기 3큰술 16쪽 참고
○ 저염간장 3큰술
○ 조선간장 1작은술
○ 맛술 2큰술
○ 조청 1큰술
○ 참기름 1큰술
○ 꿀 1작은술

1 부재료는 크게 신경 쓰지 않아도 됩니다. 집에 있는 애호박, 양파, 불린 표고버섯, 냉동실에 있던 볶음 소고기를 준비했어요.

2 떡볶이 떡은 아이들이 먹기 좋게 반으로 잘라 참기름 1큰술을 넣고 버무려줍니다. 분량의 **양념장**재료를 넣고 떡에 간이 배이도록 5분 정도 그대로 둡니다.

3 애호박은 살짝 두껍게 돌려깎기 해서 씨 부분은 제외하고 딱딱한 부분만 채썰어 사용할게요. 양파, 표고버섯은 살짝 두껍게 채썰어줍니다.

4 달구어진 팬에 마늘기름 1큰술을 두르고 양파를 먼저 볶다가 애호박, 표고버섯을 넣고 조금 더 볶아줍니다. 이때 소금 2~3꼬집으로 밑간하고, 접시에 따로 담아둡니다.

5 채소를 볶았던 팬에 2의 밑간한 떡볶이를 넣고 간이 배이게 볶다가 멸치육수 1/4컵을 붓고 바글바글 끓여줍니다.

6 양념장이 자작해지면 볶아놓았던 채소들을 넣고 30초만 뒤적여줍니다. 사진처럼 국물이 자작할 때 불을 꺼주세요. 떡에서 전분기가 나오기 때문에 떡이 국물을 야금야금 잡아먹는 답니다. 간을 보고 싱거우면 소금 살짝, 단맛이 부족하면 꿀을 조금 더 넣어주세요.

어묵탕

떡볶이를 먹을 땐 무를 넣고 시원하게 끓인 어묵탕이 있어야죠. 어묵은 밀가루로 만들어서 너무 오래 끓이면 퉁퉁 불어 터지니 빨리 끓여내세요. 아이가 먹을 국 한사발을 덜어 놓고 어른들이 먹을 어묵탕은 청양고추를 송송 썰어 넣고 칼칼하게 끓여도 좋아요.

1 어묵은 끓는 물에 가볍게 데쳐 찬물에 헹구어 먹기 좋게 썰어요. 양파는 가늘게 채썰고, 무는 나박나박 두껍지 않게 썰고, 대파는 송송 썰어요.
● 어묵은 좋아하는 종류로 준비하세요.

○ 구운 어묵 3개
○ 무 한 토막(주먹 크기)
○ 양파 1/4개
○ 대파 조금
○ 멸치육수 3~4컵
○ 조선간장 1작은술
○ 소금 2~3꼬집
○ 후추 약간

2 냄비에 멸치육수 3~4컵, 양파, 무를 먼저 넣고 끓이다가 육수가 끓기 시작하면 중불에서 5분 정도 끓여줍니다. 무를 두껍게 썰었으면 10여 분간 끓여줍니다.

3 어묵, 조선간장 1작은술을 넣고 2~3분만 와르르 끓여줍니다. 마지막쯤 대파를 넣고 후추, 소금으로 간하고 마무리합니다.

레
몬
우
동

향긋하고 가볍게 즐기는 우동입니다. 은은한 가츠오부시육수와 레몬의 상큼하고 향긋한 풍미가 어우러져 상상 이상으로 맛있답니다. 호로록 먹다 보면 다시 우동을 삶게 되는 기분 좋은 한 그릇이에요. 한국 일식당에서는 왜 이런 우동을 팔지 않을까요? 메뉴에 올리면 대박일 텐데.

○ (2인 기준)

○ 우동면 2인 분량

○ 레몬 1개

○ 자연산 두꺼운 다시마 3조각(양식 다시마인 경우 5~6조각)

○ 물 5컵

○ 가츠오부시 크게 2줌

○ 쯔유간장 4~6작은술 11쪽 참고

○ 소금 약간

● 대형 마트나 백화점 식품관에서 사누끼 냉동 우동면이나 일반 건우
동면을 구입하세요.

1 레몬 1개, 자연산 두꺼운 다시마 3장(양식 다시마인 경우엔 5~6장)을 준비해줍니다.

2 냄비에 물 5컵, 다시마를 넣고 5분 정도 끓여줍니다.

3 5분 후 불을 끄고 하늘하늘한 가츠오부시를 넣고 2분간 뚜껑을 닫고 대기해줍니다.

● 가츠오부시는 소금에 절여서 훈연하는 과정을 거쳐서 건조하기 때문에 고도의 기술력이 많이 필요한 식재료입니다. 육수용 최상급 가츠오부시는 한국에서 구하기 힘들어서 일본 여행을 가면 사와요. 국내에서는 프리미엄 식재료를 취급하는 신세계나 현대백화점 식품관을 추천해요. 가츠오부시는 오래되고 등급이 떨어지면 국물 맛이 이유 없이 짜고, 텁텁하고, 쓴맛도 나고, 냄새가 역해요. 가츠오부시 봉지를 열었을 때 찌든 냄새가 나거나 역한 풍미가 올라오면 그 육수는 망한 거예요. 가츠오부시는 냉동 보관하세요.

4 2분 후 고운 면보에 밭쳐 육수를 걸러냅니다.

5 레몬을 사진처럼 아주아주 얇게 슬라이스 해줍니다. 1인당 레몬 1/2개를 슬라이스합니다.

6 면기에 가츠오부시육수를 1인당 1~1.5컵을 붓
고, 소금 2~3꼬집, 쯔유간장 2~3작은술을 넣어
줍니다.
● 시판 쯔유는 1작은술 정도면 간이 맞을 거예요.

7 6의 육수가 뜨거울 때 5의 레몬을 넣어야 레
몬의 향긋하고 상큼한 맛이 어우러진답니다.

8 제가 좋아하는 이나니와 우동면입니다. 귀한 거
라 아주아주 아껴서 먹고 있는데 한국에서도 이
제 공수할 수 있다고 합니다.
● 이나니와 우동면은 아무래도 구하기 쉽지 않을 거예요. 마트
에서 냉동 사누끼 우동면이나 건우동면을 구입하셔도 좋아요.
국산 건칼국수면도 좋습니다~.

9 우동면을 삶아서 7의 레몬육수에 담가 드세요.

101마리
새우튀김

잔새우를 넣어 새우가 101마리쯤은 들어가지 않았을까 해서 붙여본 이름이에요. 일본식 가키아게로 제가 무지

무지 좋아하는 튀김 스타일이죠. 탱글탱글한 새우살, 고소한 잔새우의 식감, 대파의 달달함까지 정말 맛있어요.

요 튀김은 식어도 바삭바삭하고 맛있으니 넉넉히 튀겨서 드셔도 좋아요.

○ 타이거나 흰다리 냉동 새우 5마리

○ 건홍새우 한 줌

○ 건잔새우 한 줌

○ 대파 1뿌리

○ 양파 1/4개

○ 청양고추 2개

○ 생강술 1큰술 16쪽 참고

○ 후추 조금

○ 녹말가루 2큰술

○ 오일 1컵 반

튀김반죽

○ 밀가루 8큰술

○ 얼음물 8큰술

○ 맛술 1큰술

○ 소금 3~4꼬집

1 볼에 분량의 **튀김반죽**✛ 재료를 넣고 잘 저어줍니다. 사진처럼 뻑뻑하고, 끈기 있고, 탄력이 있으면 반죽이 아주 잘 된 거예요.
● 시판용 튀김가루를 사용하면 맛술, 소금은 생략합니다. 만약 반죽이 너무 뻑뻑하다 싶으면 얼음물 1~2큰술을 추가하세요.

2 홍새우, 잔새우를 준비해줍니다. 냉동 새우는 미리 꺼내서 해동해 듬성듬성 썰고, 생강술 1큰술, 후추 약간을 넣고 잡내를 잡아줍니다.

3 대파, 양파, 청양고추도 2의 새우 크기에 맞게 듬성듬성 썰어줍니다.

4 3의 볼에 2의 새우, 녹말가루 2큰술을 넣고 살살 버무려줍니다.

5 4에 1의 **튀김반죽**✛을 전부 다 붓고 반죽이 서로 엉기도록 손으로 조심스럽게 뒤적여줍니다.

6 코팅된 팬에 오일을 붓고 중불과 약불 사이에서 서서히 온도를 올려줍니다. 2~3분을 기다린 후 쌀이나 굵은소금 한 톨을 넣어 보고 보글보글 하얀 기포가 올라오면 튀김하기 딱 좋은 타이밍 입니다. 반죽을 국자로 적당히 떠서 수저로 살포 시 떠 밀어 팬에 넣어주세요.

● 기포가 힘이 없으면 1~2분 정도 더 기다려주세요.

7 채소튀김은 두 번 튀기지 않기 때문에 살짝 높은 온도(센불과 중불 사이)에서 가볍게 휘리릭 튀기는 것이 좋아요.

8 사진처럼 튀김 밑 부분이 반투명으로 딱딱해질 쯤 뒤집어 30~40초 정도 더 튀겨서 건져내세요.

어린이용
춘권피만두

재료 준비가 무서워서 냉동만두만 사 먹을 수 없잖아요. 저는 만두를 1시간도 안 되서 뚝딱~ 만들어요. 속 재료를
꽉꽉~ 줄이면 만두 만들기가 한결 간단해지겠죠? 굴소스, 화학조미료 없이도 저염간장으로 입에 착착~ 감기는
만두가 만들어집니다. 비빔면이나 국수에 곁들여 먹으면 좋아요.

(2~3인용, 간식 수준)

○ 춘권피 10장

○ 오일 2큰술

○ 소금 약간

만두소 재료+

○ 돼지고기 다짐육 250~300g

○ 굵은 대파 1뿌리(날씬한 대파 2뿌리)

○ 양파 1/2개

○ 감자녹말가루 2큰술

○ 오일 1큰술

만두소 양념+

○ 다진 마늘 1작은술

○ 저염간장 2큰술

○ 생강술 2큰술 16쪽 참고

○ 소금 1/3작은술

○ 후추 약간

만두간장+

○ 저염간장 2큰술

○ 레몬소금 1큰술 12쪽 참고

○ 양조식초 1작은술

○ 타바스코소스 1작은술

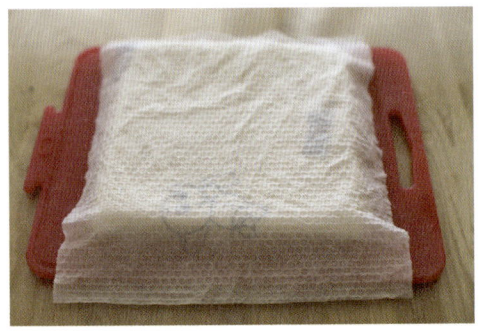

1 춘권피 10장에 젖은 면보를 살짝 덮어 놓으면 해
  동이 잘 됩니다.

  ● 마트에서 사 온 춘권피는 오는 도중 살짝 해동됩니다. 그럼
  10장씩 소분해서 냉동 보관해줍니다. 꼭 소분해서 보관해야 나
  중에 요리할 때 고생하지 않아요. 춘권피는 롯데마트, 코스트코
  에서 구입할 수 있어요. 지역마다 다르니 꼭 전화해 보시고 가시
  거나 인터넷쇼핑몰을 이용하세요.

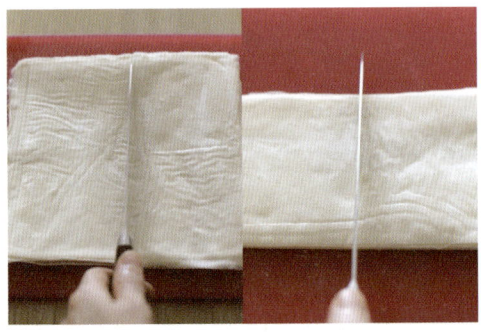

2 춘권피는 열십자로 정확하게 4등분 해줍니다. 아
  주 살짝 냉동된 상태에서 커팅하면 싹둑~ 잘 썰어
  집니다.

3 대파는 송송 썰어줍니다. 만두엔 볶은 대파만큼
  궁합이 맞는 식재료가 없는 거 같아요. 달구어
  진 팬에 오일 1큰술을 두르고 송송 썬 대파, 소금
  2~3꼬집을 넣고 센불에서 숨이 살짝만 죽을 정
  도로만 볶아줍니다.

4 양파는 아주아주 잘게 다지듯 썰어줍니다. 양파
  알갱이가 너무 크면 돼지고기랑 따로 놀아서 맛
  과 식감이 떨어져요.

5 4의 양파에 감자녹말가루 2큰술을 넣고 슥슥 버
  무려줍니다. 감자녹말가루를 넣고 안 넣고에 따
  라 맛의 차이가 확연하게 난답니다.

6 볼에 볶은 대파, 양파, 돼지고기 다짐육, 분량의
  만두소 양념+ 재료를 넣고 1분 정도만 조물조물
  가볍게 치대어줍니다.

7 춘권피 한 장에 6의 만두소 1작은술을 올려줍니다. 만두피가 얇으니 만두소를 너무 많이 넣지 말고 한입 사이즈로 만드세요.

8 사진처럼 춘권피의 왼쪽 상단 부분을 접고, 오른쪽 하단 부분을 접어줍니다.

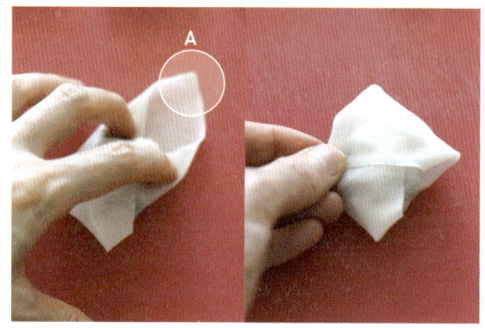

9 사진처럼 손가락으로 콕 눌러 단정하고 예쁘게 접어주세요. 사진의 A부분에 물을 살짝 찍어서 접착해줍니다.

10 달구어진 팬에 오일 2큰술을 두르고 만두를 적당히 넣고 중불과 약불 사이에서 앞뒤로 노릇하게 구워줍니다.

11 노릇하게 구워졌으면 뚜껑을 닫고 1~2분 정도 아주아주 약불에서 만두 속까지 익혀주세요.

12 분량의 **만두간장**⁺ 재료를 배합해 만두에 곁들여내세요. 타바스코소스를 넣어 진짜 맛있어요. 중독성 100%랍니다.

전기밥솥
수육

전기밥솥 수육은 그 어떤 보쌈전문점에서 먹었던 것 보다 더 맛있어서 저절로 브라보를 외치게 될 거예요. 제가 절대적으로 맛보장합니다! 수분과 지방이 쏙~ 빠져서 돼지고기가 완전 땡글땡글해요. 부드러운 수육 한 점에 보쌈김치를 올려 먹으면 양쪽 엄지가 저절로 척척 올라갈 거예요.

(2~3인 기준)

○ 돼지고기 오겹살 800g(비계 비율이 많은 앞다리살도 좋고,
삼겹살도 좋아요)
○ 양파 1/2개
○ 대파 1/2뿌리
○ 통마늘 4~5톨
○ 생강술 2큰술 16쪽 참고
○ 맛술 2큰술
○ 조선간장 1큰술
○ 월계수잎 1장
○ 끓는 물 5컵

1 돼지고기(800g)는 반으로 잘라줍니다.

2 반으로 자른 돼지고기는 끓는 물에 넣고 딱 10분 만 애벌로 삶아 찬물에 헹구어줍니다.

3 양파는 듬성듬성 썰고, 대파는 호방하게 썰고, 마늘, 월계수잎을 준비해줍니다.

4 큼직한 지퍼팩에 2의 돼지고기, 3의 채소, 생강 술 2큰술, 맛술 2큰술, 조선간장 1큰술을 넣어줍 니다.

● 꼭 조선간장을 넣어주세요. 진간장, 양조간장 등은 절대로 안 됩니 다. 레몬즙을 짜고 난 껍질이나 레몬소금 1큰술을 넣어주면 잡내를 없 애는데 아주 좋아요.

5 지퍼팩에 주먹 크기 정도의 공기만 남겨두고 끈
으로 바짝 묶어줍니다.

6 전기밥솥에 팔팔 끓인 물 5컵을 부어요.

7 5의 고기를 담은 지퍼팩을 넣어줍니다. 뚜껑을
닫고 '보온' 버튼을 눌러줍니다. 핸드폰 알람을 7
시간으로 세팅해줍니다.

● 저녁에 드시려면 11~12시쯤 작업하세요. 냄새도 전혀 안 나고 불 앞
에 오래 서 있지 않아도 돼서 좋아요.

8 7시간 후 전기밥솥에서 지퍼팩을 꺼내 열어보면
돼지고기가 잡내 없이 깔끔하게 삶아졌을 거예요.

9 돼지고기가 뜨거우니 장갑을 끼고 각 맞추어 예
쁘게 썰어주세요.

보쌈
무김치

공개하고 싶지 않았던 비장의 레시피 중의 하나랍니다. 어디서도 가르쳐주지 않는 비법이 있답니다. 그 비법은

무를 물엿에 절이는 것이랍니다. 너무 놀라지 마시고 저를 믿고 한번 해보세요. 이 보쌈김치는 실온 숙성을 하지

않고 냉장고에 하루 정도 넣어두었다가 드시는 것이 제일 맛있어요. 물론 바로 버무려 드셔도 맛있어요~.

 (2~3인 기준)

○ 무 1/2개(큰 것)

○ 알배추 겉잎 8장

○ 물엿 1컵 반

○ 천일염 듬뿍 떠서 2큰술

○ 물 3컵

○ 고춧가루 1큰술

김치육수+

○ 물 2컵 반

○ 구기자 반 줌

○ 대파 조금

○ 양파 1/2개

○ 다시마 3×5cm 2조각

김치풀+

○ 김치육수 1/2컵

○ 찹쌀가루 1큰술

김치양념+

○ 김치육수 1/2컵

○ 김치풀

○ 고춧가루 5큰술

○ 까나리액젓 2큰술

○ 새우젓 1큰술

○ 다진 마늘 1큰술

○ 조청 1.5~2큰술

하루 전날 무 수분 정리하기

1 무는 사진처럼 아주 살짝 굵게 채썰어줍니다.

2 이 과정에서 너무 깜짝 놀라지 마세요. 무에 물엿 1컵을 붓고 앞뒤로 뒤적여준 다음 무거운 접시로 덮어줍니다.

● 왜 소금이 아니고 물엿을 넣지 의아해하실 텐데 저를 믿고 물엿으로 절여보세요. 절대로 물엿 때문에 무가 달아지지 않아요. 소금이 줄 수 없는 무말랭이같은 아작아작한 식감을 선물해 준답니다.

3 1시간 정도 지나면 무에서 1.5컵 정도의 수분이 나옵니다. 체에 밭쳐 물기를 빼줍니다.

4 다시 물엿 1/2컵을 붓고 다시 버무려줍니다. 이젠 3시간 정도 절여줍니다.

5 3시간 후 또 1컵 정도의 수분이 무에서 빠져 나왔습니다.

6 무는 가볍게 헹궈 손으로 물기를 쫙~ 짜줍니다. 무 한 조각을 드셔 보시면 오독오독하고 달지 않은 그냥 무의 맛만 날 거예요. 이렇게 수분을 쪽 뺀 무는 지퍼백에 담아 냉장고에 넣어줍니다.

보쌈무김치 만들기

7 물 3컵에 천일염 2큰술을 넣어 녹이고 알배추 겉잎을 절여줍니다. 2시간 정도는 줄기부분에 무거운 그릇을 하나 올려서 집중적으로 절여요.

8 그 다음 1시간은 전체적으로 담가 절이면 줄기와 잎의 아삭거리는 밸런스가 맞을 거예요. 소금물에 절인 배추는 두 번 정도 물에 씻어서 물기를 빼줍니다.

9 구기자, 대파, 양파, 다시마는 잘게 잘라줍니다.
● 짧은 시간에 맛있는 육수를 내려면 모든 재료를 잘게 잘라서 끓이면 맛있는 맛이 빨리 우러나옵니다.

10 냄비에 분량의 **김치육수+** 재료를 넣고 끓이다가 끓기 시작하면 뚜껑을 닫고 약불에서 15~20여 분간 자박자박하게 끓여줍니다.

11 20분 후 육수를 체에 걸러서 한김 식혀줍니다.

12 팬에 한김 식힌 김치육수 1/2컵에 찹쌀가루 1큰술을 넣고 꼭 거품기로 먼저 곱게 풀어줍니다. 중불과 약불 사이에서 천천히 저어주다가 사진처럼 뻑뻑하게 엉기면 불을 끄고 식혀줍니다.

● 찹쌀가루를 먼저 곱게 풀고 불을 켜야 김치풀이 쑤어집니다. 불을 먼저 켜놓고 찹쌀가루를 넣고 저어주면 그냥 망해요.
● 보쌈김치는 김치풀이 저처럼 뻑뻑하게 나와야 잘 된 거에요. 너무 묽으면 보쌈용 김치는 안 됩니다.

13 볼에 분량의 **김치양념**＋ 재료를 넣어주세요. 김치양념 재료 중 새우젓은 칼로 곱게 다져서 넣어줍니다.

● 조청 1큰술 반을 넣어줍니다. 조청은 김치랑 궁합이 아주 좋아요. 설탕의 단맛, 물엿의 단맛이랑 차원이 다르죠~.

14 13의 **김치양념**＋을 수저로 저어주고 손가락으로 콕~ 찍어서 간을 봅니다. 아주 살짝 달짝지근하면서 짜지도 싱겁지도 않아 입맛에 맞을 거예요. 단맛을 더 원하시면 조청 1작은술을 추가합니다.

15 6의 어제 미리 작업해 놓은 무에 고춧가루 1큰술을 넣고 버무려줍니다.

16 14의 김치양념에 15의 무를 넣고 살살 버무려
   줍니다. 겨울철이면 굴을 두 줌 정도 넣어도 맛
   있어요.

17 8의 절인 배추잎 한 장을 깔고, 16의 무김치를
   올리고, 또 배추잎 한 장을 올리고, 무김치 올
   리고 총 3번을 반복합니다.

18 욕심내지 말고 배추잎 3겹 정도가 딱 좋습니
   다. 접시 위에서 바로 열십자로 4등분으로 썰
   어서 수육 옆에 살포시 올려주세요.
   ● 배추 절일 시간이 없으면 무김치만 버무려 드셔도 좋습니
   다.

닭고기
치즈감자전

손님 초대상에 내었는데 어린이 손님들 반응이 너무 좋았어요. 겉은
바삭바삭하고 속은 쫀득쫀득한 치즈 감자전에 육즙 가득한 쫄깃쫄깃
닭다리살까지 다양한 식감이 느껴져요. 뜨거울 때 케첩을 콕~ 찍어 드
세요.

(1~2인, 어린이 간식 수준)

○ 닭고기 다리살 정육일 경우 2~3개
(정육살이 없으면 닭다리 3~4개 정도)

○ 감자 2개

○ 파마산 치즈가루 2큰술

○ 밀가루 1~2큰술

○ 생강술 1큰술 16쪽 참고

○ 소금 약간

○ 후추 약간

○ 오일 적당량

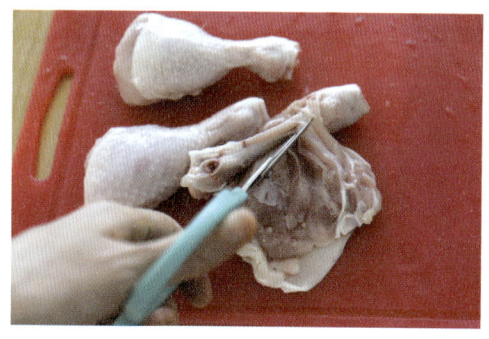

1 주방가위에도 쪽가위가 따로 있어요. 쪽가위를 이용해 다리살과 살점이 많은 부위를 중심으로 쓱쓱 잘라내면 생각보다 어렵지 않게 살과 뼈가 분리될 거예요.

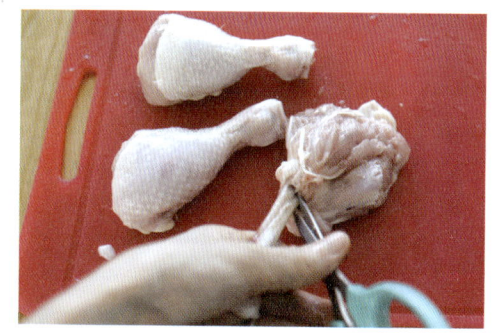

● 부엌칼로 하면 잘 안 돼요. 꼭 쪽가위로 천천히 정육해주세요. 이 과정이 무서우면 정육된 다리살을 구입하세요.

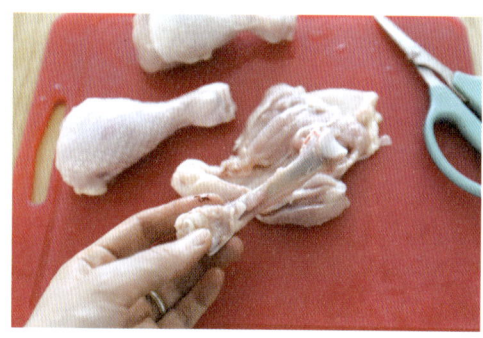

2 생각보다 간단하게 요렇게 뼈만 쏙 분리된답니다. 그러니 닭다리 정육살이 마트에 없더라도 당황하거나 놀라지 마세요~. 이 과정에서 닭 껍질을 벗겨내세요.
● 감자로 부침옷을 입힐거라 닭 껍질이 있으면 부침옷이 홀라당 벗겨져요.

3 닭다리 3개를 정육했어요. 닭고기는 먹기 좋게 3등분으로 나누어줍니다.

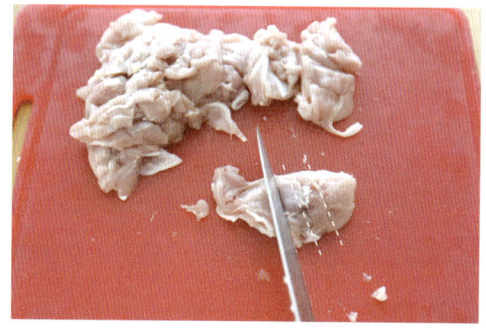

4 구울 때 닭고기 속까지 열이 잘 들어가도록 중간에 칼집을 살짝 넣어줍니다.

5 4의 닭고기에 생강술 1큰술, 소금 3~4꼬집, 후추 약간을 뿌려 밑간을 하고 잡내를 잡아줍니다.

6 감자는 강판에 갈아 체에 밭쳐 손으로 살포시 눌러 수분을 걸러줍니다.

7 10분 정도 지나면 감자전분이 밑으로 가라앉아요. 천천히 조심조심 물만 버려줍니다.

8 볼에 6의 감자건지, 7의 감자전분, 파마산 치즈가루 2큰술, 소금 2~3꼬집을 넣고 수저로 잘 뒤적인 다음 조물조물 반죽해줍니다.

9 5의 닭고기에 밀가루를 고루고루 살살 묻혀줍니다.

10 9의 닭고기에 8의 감자반죽을 앞뒤로 고루 발라 고기완자처럼 빚어줍니다.

11 달구어진 팬에 오일 3큰술을 두르고 감자전을
올려 중불과 약불 사이에서 앞뒤로 노릇하게
지져줍니다. 감자가 골드브라운색이 돌때까
지는 2~3분 정도 걸려요.

12 초초해 하지 마시고 급하게 뒤집지도 마시
고 2분 정도 그대로 두시고 누룽지처럼 노
릇노릇하고 바삭해졌을 때 뒤집어줍니다.

13 앞뒤로 노릇노릇 바삭해지면 아주아주 약불
로 줄이고 뚜껑을 닫고 3분 정도 닭고기 속까
지 잘 익도록 중심 온도를 줍니다.

● 완성 후 접시에 담아주시고 취향에 따라 파마산 치즈가루를 살짝 뿌
려 드시거나 케첩에 찍어 뜨거울 때 드세요.

돼지고기
감자채볶음

감자채볶음은 모두가 좋아하는 여름 반찬이지만 재료 손질만 잘하면 '반찬'에서 근사한 '일품요리'가 된답니다.
돼지고기 안심은 지방이 거의 없고 아주 부드러워서 아이들 반찬으로도 좋고, 어르신들 기력 회복에도 아주 좋
아요. 돼지고기에 녹말옷을 입히면 보들보들하니 입에 착 달라붙는 답니다.

○ 감자 1개(큰 것)

○ 돼지고기 안심 150g

○ 감자녹말가루 2큰술

○ 마늘기름 2큰술 **13쪽 참고**

○ 생강술 1작은술 **16쪽 참고**

○ 소금 · 후추 약간씩

○ 청양고추 1개

간장양념⁺

○ 저염간장 2큰술

○ 조선간장 1작은술

○ 조청 1큰술

○ 맛술 1큰술

1 분량의 **간장양념**+ 재료를 미리 배합해줍니다.

2 감자가 크면 1개, 씨알이 작으면 2개를 껍질을 벗겨 너무 굵지 않게 채썰어줍니다.

3 2의 감자에 감자녹말가루 1큰술을 넣고 살살 버무려줍니다. 이 과정은 해도 되고 안 해도 됩니다.

4 끓는 물에 3의 감자를 넣고 딱 1분 정도만 데쳐서 찬물에 가볍게 헹구어 체에 받쳐 물기를 빼줍니다.

5 돼지고기는 가늘게 채썰어줍니다. 냉동실에 30~40분 정도 살짝 얼리면 썰기 편해요.
● 가늘게 채썰기가 힘드시면 정육점 아저씨한테 잡채용으로 채썰어 달라고 하세요~.

6 채썬 돼지고기에 소금 2꼬집, 후추 약간, 생강술 1작은술을 넣고 조물조물 버무려 밑간을 하고 잡내를 잡아줍니다. 감자녹말가루 1큰술을 넣고 다시 조물조물 치대어줍니다.
● 돼지고기엔 꼭 감자녹말가루옷을 입혀주세요. 그래야 맛있는 육즙이 빠지지 않고 입안에서 부드럽게 넘어가요.

7 6의 돼지고기를 끓는물에 1분 정도 데쳐서 절대로 찬물에 헹구지 마시고 체에 밭쳐 물기를 빼줍니다.

8 달구어진 팬에 마늘기름 2큰술을 두르고 4의 감자채를 넣고 1~2분 정도 중불에서 볶아줍니다.

9 팬에 7의 돼지고기, 1의 **간장양념**+을 넣고 소스가 자박해질 때까지 중불에서 볶아줍니다.

10 양념장이 자박자박하게 줄어들면 간을 보고 싱거우면 소금 2~3꼬집을 더해줍니다. 마지막쯤에 기호에 따라 청양고추를 가늘게 채썰어 넣어주면 칼칼하니 맛있어요.

LA갈비찜

저염간장으로 양념해 짜지도 싱겁지도 않고 갈비살이 야들야들한 것이 맛있어요. 갈비찜 양념에 맛있게 조려진 무도 고기만큼이나 맛있답니다. 갈비찜은 손으로 먹어야 더 맛있는 것 아시죠? 식구들과 편하게 식사하신다면 오늘은 손에 갈비를 들고 맛있게 뜯어보세요.

○ LA갈비 1kg 정도(저는 1.2kg을 준비했어요)

○ 대파 2뿌리

○ 양파 1/2개

○ 무 한 토막(양파 1/2개 크기)

○ 당근 1/3개

○ 청경채 3개 정도

1차 양념+

○ 저염간장 6큰술

○ 조선간장 3큰술

○ 맛술 2큰술

○ 생강술 2큰술 16쪽 참고

○ 조청 2큰술

○ 양조식초 1큰술

○ 배즙 3큰술

○ 다진 마늘 1큰술

○ 송송 썬 대파 1뿌리

2차 양념+

○ 저염간장 4큰술

○ 조선간장 1큰술

○ 조청 3큰술

○ 생강청 1큰술 15쪽 참고

○ 맛술 2큰술

● 생강청이 없으면 꿀 1큰술로 대신하세요.

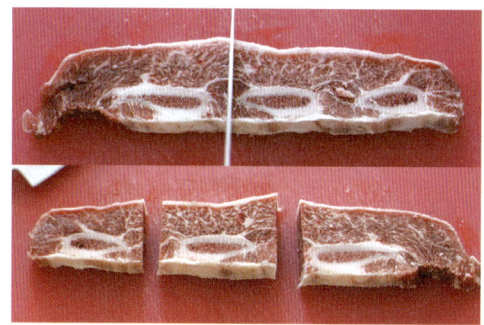

1 갈비는 먹기 좋게 뼈 사이를 기준으로 3등분으로 잘라줍니다.

2 갈비는 찬물에 담가 1시간 정도 핏물을 빼줍니다. 3~4번 정도 맑은 물로 갈아가면서 핏물을 빼줍니다. 핏물을 빼는 동안 양념을 만들어 볼게요.

3 양파와 무는 동량으로 준비해 강판에 갈아줍니다.

4 배를 갈아서 얼음 틀에 얼려놓은 거예요. 3조각을 사용할게요(3조각이면 배 1/4쪽 정도).

5 3의 양파와 무 간 것에 분량의 **1차 양념**+ 재료를 넣고 섞어줍니다.

●양조식초가 조금 들어가면 고기 잡내를 많이 잡아줍니다.

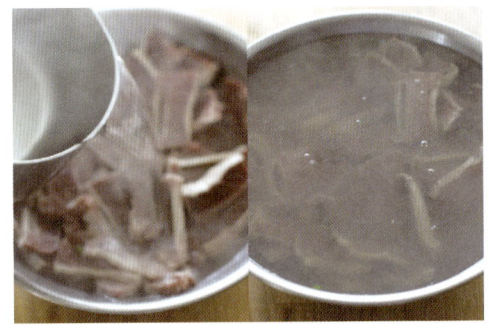

6 1시간 정도 핏물을 뺀 갈비를 빈 볼에 건져내고 팔팔 끓인 물 5~6컵 정도를 붓고 5분 정도 그대로 둡니다. 그럼 시커먼 불순물, 잡내, 누린내가 확~ 올라올 거예요. 이 과정에서 고기 잡내가 80%는 잡혀요. 귀찮아도 꼭 해주세요!

7 5분 후 갈비를 깨끗한 물에 3~4번 씻어내고 체에 받쳐 물기를 빼줍니다. 사진으로 봐도 갈비가 아주아주 말끔하고 깨끗해 보이죠.

8 지퍼팩에 5의 양념, 7의 갈비를 넣고 공기를 아주 살짝만 남겨주고 끈으로 바짝 묶어줍니다.

9 전기밥솥에 팔팔~ 끓인 물 5컵을 붓고 8의 갈비를 담은 지퍼팩을 넣어줍니다. 뚜껑을 닫고 보온 기능을 눌러줍니다. 핸드폰 알람을 8시간으로 세팅해줍니다.

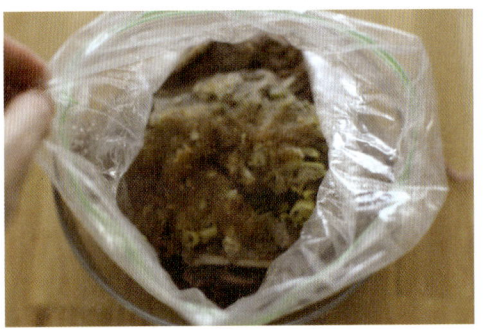

10 8시간 후 지퍼백을 열어보면 갈비가 맛나게 숙성되었습니다. 여기까지 해 놓고 냉장고에 넣어두었다가 식사 시간에 맞춰 무, 당근, 2차 양념을 넣고 40분만 끓여서 드시면 됩니다.

11 분량의 **2차 양념**⁺ 재료를 배합해줍니다.

12 가능한 두꺼운 냄비에 10의 갈비를 넣어줍니다. 대파의 하얀 부분 2뿌리를 손가락 마디 길이로 썰어서 갈비 위에 올리고, 당근, 무도 너무 크지 않게 듬성듬성 썰어서 조금만 곁들여줍니다.

13 11의 **2차 양념**⁺을 붓고 가스불에 올려 끓이다가 끓기 시작하면 약불로 줄이고 뚜껑을 닫고 40분 정도 조려주면 끝입니다.

서울 4대문파
탕수육

국민요리 탕수육입니다. 전화 한 통이면 서비스 군만두와 함께 금방 배달되지만 집에서 만들어 먹는 재미도 꽤 있어요. 꼬박 48시간을 기다린 보람이 있게 튀김옷이 쫀득하고 바삭바삭한 게 매력적이랍니다. 저염간장으로 만든 탕수소스는 달지도 짜지도 싱겁지도 않고, 심지어 수저로 떠먹을 만큼 맛있답니다. 과정이 복잡하고 시간도 오래 걸리지만 맛은 보장해요.

(2~3인 기준)

○ 돼지고기 안심 750g 정도
○ 생강술 1큰술 16쪽 참고
○ 소금 2~3꼬집
○ 후추 약간
○ 저염간장 2큰술
○ 감자녹말가루 1큰술
○ 오일 2컵 반

1차 반죽⁺
○ 감자전분가루 12큰술
○ 고구마전분가루 5큰술
○ 밀가루 5큰술
○ 물 1컵

2차 반죽⁺
○ 1차 반죽
○ 달걀흰자 1개
○ 오일 2큰술

3차 반죽⁺
○ 2차 반죽
○ 물 2컵

탕수소스⁺
○ 통조림 파인애플 조금
○ 목이버섯 약간
○ 오이 1/4개
○ 양파 1/4개
○ 파프리카 1/4개
○ 뜨거운 물 1컵
○ 녹말물(녹말가루 2큰술, 물 5큰술)

간장소스⁺
○ 저염간장 3큰술
○ 양조식초 4큰술
○ 설탕 2큰술

제일 중요한 탕수육 반죽 만들기

1 볼에 감자전분가루 12큰술, 고구마전분가루 5큰
술, 밀가루 5큰술을 넣고 섞은 다음 물 1컵을 붓
고 거품기로 살살 저어줍니다.

● 국산 감자전분가루와 고구마전분가루는 농협하나로클럽 인터넷 사
이트에서 주문하시면 됩니다.

2 랩을 씌우고 꼬박 24시간 동안 냉장 숙성해줍
니다.

3 24시간 후 냉장고에서 꺼내 왔어요. 윗쪽은 맑고
아래쪽은 녹말들이 가라앉아 딱딱해져 있을 거
예요. 천천히 맑은 물만 걸러내면 됩니다.

서울 4대문파 탕수육

4 3의 가라앉아 있는 녹말에 달걀흰자 1개, 오일 2
큰술을 넣어줍니다.

●오일은 올리브오일을 제외한 아무 오일이나 좋아요. 반죽에 오일을
넣으면 튀길 때 반죽 속의 오일이 팡팡 터지면서 튀김이 바삭해진다고
해요.

5 거품기를 이용해 한쪽 방향으로만 100번 정도 저
어줍니다. 다시 랩을 씌우고 24시간 냉장 숙성을
합니다.

6 꼬박 48시간이 지나고 반죽을 꺼내보니 예술로
잘 되었습니다.

본격적으로 탕수육 튀기기

7 돼지고기는 위의 사진에 표시한 것처럼 3등분으
로 나누어줍니다.

●소고기는 미리 사다놓아도 2~3일 정도는 괜찮지만 돼지고기
는 하루만 지나도 잡내, 누린내 나니 미리 구입하지 마세요. 2~3
일 정도 냉장고에 방치하면 생강술을 아무리 넣어도 잡내, 누린
내를 잡을 수 없어요.

8 7의 고기를 고기결 방향으로 또 3~4등분으로 나
누어줍니다.

9 사진을 자세히 보면 고기결이 위아래로 보일 거예요. 꼭 고기결 방향으로 큼직하고 길쭉하게 썰어줍니다. 아이들이 먹기에 큼직해 보여도 고기가 뜨거운 온도에서 수분이 빠지면서 30~40%는 쪼그라든답니다.

● 원래 고기는 고기결 반대방향으로 썰어야 하지만 안심은 부드러워서 상관없어요.

10 돼지고기에 생강술 1큰술, 소금 2~3꼬집, 후추 약간을 넣고 1~2분 정도 조물조물 치대 잡내를 잡아주고, 저염간장 2큰술을 넣고 밑간을 합니다. 고기에 간이 배이도록 대기해줍니다.

11 6의 반죽에 물 2큰술을 넣고 부드럽게 조물조물 만져서 풀어줍니다.

12 10의 밑간한 돼지고기에 감자녹말가루 1큰술을 넣고 가볍게 버무린 다음 11의 반죽을 다 붓고 조물조물 반죽옷을 입혀줍니다.

13 코팅된 팬에 오일 2컵 반을 붓고 중불과 약불 사이에서 서서히 온도를 올려줍니다. 2~3분 기다렸다가 쌀이나 굵은소금 한 톨을 넣어 보고 보글보글 하얀 기포가 올라오면 튀김하기 딱 좋은 타이밍입니다. 한꺼번에 너무 많이 넣지 마시고 6조각 정도를 살포시 넣어줍니다.

● 기포가 힘이 없으면 1~2분 정도 더 기다려주세요.

14 중불에서 2~3분 정도 노릇하게 튀겨줍니다. 이때 튀김끼리 달라붙었다고 젓가락으로 건드리지 마세요. 나중에 노릇노릇 바삭하게 튀겨지면서 자연스럽게 떨어집니다.

15 튀김이 브라운 빛이 돌면 건져내 탁탁 털어주세요. 튀김 속의 공기가 빠져 나가면서 바삭해지거든요. 1분 정도 후 고기튀김을 다시 팬에 넣어 튀겨줍니다. 두 번째 튀길 때는 1~2분 정도 지나 골드브라운 빛이 돌면 체에 건져내고 키친타월에 올려 여분의 기름을 제거하세요.

저염간장으로 딱 떨어지는 탕수소스 만들기

16 분량의 **간장소스** 재료를 미리 배합해 줍니다.

17 전 탕수소스에 통조림 파인애플을 꼭 넣어요. 오이, 파인애플, 양파, 목이버섯, 파프리카를 듬성듬성 썰어주세요.

● 취향에 따라 후르츠칵테일를 넣어도 좋아요. 목이버섯, 파프리카는 넣지 않아도 됩니다. 당근, 양파, 오이 정도만 넣어도 맛있어요.

18 달구어진 팬에 오일을 1작은술 정도 두르고 파인애플을 제외하고 17에서 준비한 재료를 넣고 센불에서 1분 정도만 볶아줍니다.

19 18의 팬에 뜨거운 물 1컵을 부어줍니다. 여기에 찬물을 넣으면 갑자기 온도가 떨어져서 채소들의 숨이 죽어서 아삭한 맛이 없어져요.

20 팬에 16의 **간장소스**⁺와 파인애플을 넣고 30초 정도 끓여줍니다.

21 약불로 줄이고 녹말물을 팬의 가장자리를 돌려가면서 천천히 붓고 수저로 잘 저어준 다음 불을 꺼줍니다. 간을 보고 싱거우면 소금 2~3 꼬집을 더하고 마무리합니다. 탕수소스를 탕수육에 곁들여냅니다.

칠리새우

누구나 좋아하는 차이니스 레스토랑 단골 메뉴죠. 은근 비싼 메뉴인데 새우가 재철인 9~10월에 중국 조미료를 넣지 않고 건강하게 집에서 만들어보세요. 땡글땡글한 새우살도 맛있지만 폭신한 가지튀김도 너무 맛있답니다. 새우머리를 넣어 만든 육수가 감칠맛과 깊은 맛을 내줘 치킨스톡을 넣지 않아도 겁나 맛있어요.

(2~3인 기준)

○ 새우 15~20마리

○ 대파 하얀 부분 1/2뿌리

○ 통마늘 2톨

○ 생강 조금(마늘 1톨 분량)

○ 오일 1컵

○ 가지 1/2개

○ 녹말물(녹말가루 1큰술, 물 3큰술)

○ 고추장 크게 떠서 1작은술(두반장이 있으면 1작은술)

○ 마늘기름 1큰술 13쪽 참고

새우 튀김옷⁺

○ 달걀흰자 2큰술

○ 감자녹말가루 3큰술

○ 오일 1작은술

가지 튀김옷⁺

○ 달걀흰자 2큰술

○ 감자녹말가루 1큰술

새우 잡내 제거⁺

○ 밀가루 1큰술

○ 생강술 1큰술 16쪽 참고

새우육수⁺

○ 새우머리

○ 마늘기름 1큰술 13쪽 참고

○ 물 1컵

소스⁺

○ 새우육수 1/2컵

○ 케첩 2큰술

○ 저염간장 1큰술

○ 생강술 1큰술 10쪽 참고

○ 양조식초 1큰술

○ 설탕 1작은술

○ 다진 마늘 1작은술

○ 소금 2~3꼬집

1   새우는 껍질을 살살~ 벗겨내고, 머리를 제거하고 새우등 쪽에 칼집을 살짝 넣어줍니다. 새우머리는 따로 모아주세요.

●새우등 쪽의 내장은 일부러 골라내지 않으셔도 됩니다. 밀가루로 조물조물 주물러 주실 때 자연스럽게 빠져 나옵니다.

2   껍질과 머리를 제거한 새우에 생강술 1큰술, 밀가루 1큰술을 넣고 조물조물 가볍게 20~30초 정도 주물러주세요. 찬물에 2~3번 깨끗하게 헹궈주세요. 이 과정에서 새우 비린내도 없어지고, 뱃속의 내장, 불순물도 말끔하게 잡혀요.

3   새우에 달걀흰자를 다 넣지 마시고 2큰술만 넣어줍니다. 100번 정도 가볍게 조물조물 해주시면 거품이 일어날 거예요.

4   3에 감자녹말가루 3큰술을 넣고 20~30회 정도 다시 조물조물 가볍게 반죽해줍니다.

5 오일 1작은술을 넣고 10번 정도 조물조물 반죽하고 랩을 씌워 잠시 냉장고에 넣어둡니다. 10분 정도 냉장고에서 차갑게 휴지시키면 튀김이 더 바삭해요.

● 오일은 잊지 말고 꼭 넣어줍니다.

6 마늘, 생강은 잘게 다지듯 썰어줍니다.

● 저는 생강을 껍질을 벗겨내고 채칼로 얇게 슬라이스해서 냉동 보관합니다. 밑작업해서 소분해 놓으면 생강이 들어가야 하는 요리를 할 때 아주 편하고 좋아요.

7 대파는 잘게 칼십을 넣어서 다지듯 썰어줍니다.

8 팬에 새우머리, 마늘기름 1큰술을 넣고 달달 볶다가 새우머리가 붉은빛이 돌면 물 1컵을 부어줍니다. 끓기 시작하면 중불과 약불 사이에서 5분 정도 끓여줍니다. 요 새우육수가 칠리소스를 만들 때 아주아주 중요해요~!

9 5분 정도 끓이면 새우육수가 반 컵 조금 더 나올 거예요.

10 분량의 **소스⁺** 재료를 배합해줍니다. 녹말물, 튀김옷 입은 새우, 다진 파, 마늘, 생강을 한자리에 세팅해 놓습니다.

11 코팅된 팬에 오일 1컵을 붓고 중불과 약불 사이에서 서서히 온도를 올려줍니다. 2~3분 기다렸다가 쌀이나 굵은소금 한 톨을 넣어 보고 보글보글 하얀 기포가 올라오면 튀김하기 딱 좋은 타이밍입니다.

새우를 앞뒤로 뒤집어 가면서 노릇노릇한 브라운빛이 돌면 체에 건져냅니다. 키친타월에 올려 여분의 기름을 제거하고 잠시 대기해줍니다.

● 기포가 힘이 없으면 1~2분 정도 더 기다려주세요.

12 새우만 튀기면 접시에 볼륨감이 너무 없어서 가지도 튀겼어요. 새우랑 같은 방법으로 달걀 흰자 2큰술, 감자녹말가루 1큰술을 넣고 튀김옷을 입혀주세요.

13 가지는 너무 오래 튀기면 기름을 한없이 흡수해서 폭삭 주저앉아요. 딱 30~40초 정도만 튀겨주세요.

14 달구어진 팬에 마늘기름 1큰술, 7의 다진 파, 6의 마늘과 생강을 넣고 약불에서 볶아줍니다. 살살 볶다보면 마늘, 생강에서 달큰한 냄새가 올라올 거예요.

15 고추장 1작은술을 넣고 중불과 약불 사이에서 1분 정도 볶다가 10의 **소스**+를 부어줍니다. 소스가 바글바글 끓어오르면 아주아주 약불로 줄여주세요.

● 집에 두반장이 있으면 고추장 대신 넣어주셔도 됩니다.

16 녹말물을 수저로 떠서 팬의 가장자리를 돌려가면서 넣어 걸쭉하게 농도를 줍니다.

17 불을 끄고 미리 튀겨놓은 새우와 가지를 넣고 뒤적여주면 끝입니다!

돼지목살
수비드

수비드는 음식물을 진공팩에 넣고 밀봉해서 70도 물 속에서 오랫동안 데우는 조리법을 말해요. 오겹살은 비계의 쫀득함이 매력이라면 목살은 사이사이의 적당한 비계와 부드러운 살점의 황금비율이 최고죠. 야들야들하고 쫀 득한 돼지고기 맛이 감동 그 자체랍니다. 오전에 준비해서 전기밥솥에 넣어두면 저녁에 먹을 수 있어 노력대비 만족도가 최고랍니다.

(2인 기준)

○ 돼지고기 목살 500~600g   ○ 양조식초 1큰술

○ 소금 · 후추 약간씩   ○ 다진 마늘 1큰술

○ 끓는 물 5컵   ○ 타바스코소스 1큰술

고기양념⁺   **소스⁺**

○ 양파 간 것 1/2개   ○ 고기양념 2국자

○ 저염간장 2큰술   ○ 저염간장 1큰술

○ 조선간장 1큰술   ○ 양조식초 1큰술

○ 맛술 2큰술   ○ 레몬소금 1큰술 12쪽 참고

○ 생강술 2큰술 16쪽 참고   ○ 타바스코소스 1작은술

● 3~4인용은 돼지고기 500g 두 덩이를 구입해 양념은 두 배로 하고, 지퍼팩 두 개에 나누어 넣어요. 전기밥솥에 끓는 물 5컵을 붓고 지퍼팩 두 개를 동시에 넣고 7시간 보온 기능을 하시면 됩니다.

1 돼지고기는 사방으로 소금과 후추를 아주 조금
씩 솔솔 뿌려줍니다.

2 달구어진 팬에 기름을 두르지 않고 센불에서 돼
지고기를 한 면당 1분씩 사방으로 바싹 구워줍
니다. 소스를 만들 동안 잠시 휴지해줍니다.

3 분량의 **고기양념**➕ 재료를 배합해줍니다.
 ●양념에 들어가는 타바스코소스는 열을 가하면 전혀 매운맛이
나지않으니 아이들에게도 괜찮습니다.

4 3의 고기양념을 고기를 구웠던 팬에 붓고 와르
르~ 끓어오르면 바로 불을 꺼줍니다.

5 2의 돼지고기를 지퍼팩에 넣고, 4의 고기양념을
부어줍니다. 고기양념이 뜨거워도 상관없어요.
지퍼백에 주먹 크기 정도의 공기만 남기고 끈으
로 바짝 묶어줍니다.

 ●지퍼팩에 공기가 살짝 있어야 밥솥에서 둥둥 떠 있어요.

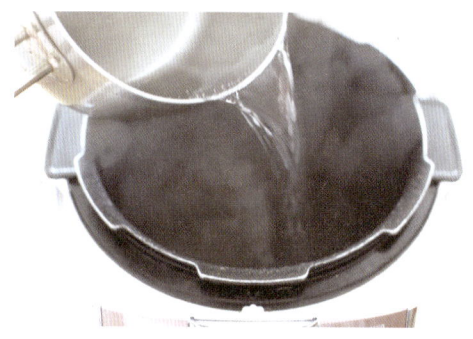

6 전기밥솥에 팔팔~ 끓인 물 5컵을 붓고, 5의 고기를 담은 지퍼팩을 넣어줍니다. 뚜껑을 닫고 보온 버튼을 눌러줍니다. 핸드폰 알람을 4시간으로 세팅해줍니다.

● 3~4인분은 7시간입니다.

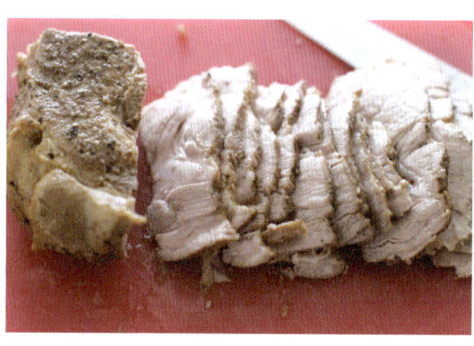

7 4시간 후 봉지를 열어보면 잡내 제로! 맛난 냄새만 가득합니다.

8 돼지고기를 꺼내 얇게 썰어줍니다.
● 가끔 고기를 썰 때 핏물이 살짝 흘러 나와서 덜 익었는지 물어보시는데 고기육즙, 핏물이 살짝 덜 빠져서 그래요. 어쩌다 나올 수 있는 핏물과 육즙이 싫다면 밥솥에 넣기 전 애벌로 구울 때 고기를 젓가락으로 콕콕~ 5번 정도 찔러주세요.

9 지퍼팩에 있는 고기양념 2국자를 볼에 덜어냅니다. 볼에 나머지 분량의 **소스⁺** 재료를 넣고 저어줍니다. 손가락으로 살짝 찍어서 간을 보고 매운맛이 부족하면 타바스코소스 1작은술을 더하세요. 돼지고기에 곁들여 드세요.

● 파프리카, 양파는 채칼로 얇게 슬라이스 하고 참나물도 아주 조금 넣어 랩을 씌워 냉장고에 넣었다가 고기에 곁들여내면 아삭함 식감이 살아있어 좋아요.

소고기
감자고로케

포실포실한 감자와 소고기의 궁합이 아주 좋아요. 겉은 바삭하고 버터랑 우유를 넉넉히 넣어서 속은 굉장히 촉

촉해요. 고로케는 추억 돋는 케첩과 마요네즈를 섞어서 만든 양배추 사라다와 곁들여 먹는게 최고인 것 같아요.

아이들 간식은 물론 맥주 안주로도 그만이랍니다.

○ 감자 2개(큰 것)

○ 소고기 다짐육 200g

○ 양파 1/4개

○ 무염버터 1큰술

○ 물 1/4컵

○ 우유 1/4컵

○ 빵가루 넉넉히

○ 밀가루 넉넉히

○ 달걀 1개

○ 오일 2컵 반+약간

양념+

○ 저염간장 3큰술 10쪽 참고

○ 조선간장 1큰술

○ 조청 1큰술

○ 맛술 1큰술

○ 소금 2꼬집

1 감자는 껍질을 벗기고 듬성듬성 썰어 10여 분간 찬물에 담가 전분기를 살짝 제거해줍니다.

2 냄비에 1의 감자, 무염버터 1큰술, 물 1/4컵을 넣고 뚜껑을 비스듬하게 닫고 10여 분간 중불과 약불에서 삶아줍니다.

3 삶은 감자는 뜨거울 때 주걱으로 대충 으깨어줍니다. 우유 1/4컵을 부어줍니다. 우유를 넣으면 감자가 굉장히 부드러워질 거예요.

4 양파는 아주 잘게 다져줍니다. 다진 소고기를 준비해요. 소고기 다짐육은 볶음 소고기로 대신해도 됩니다.

5 달구어진 팬에 오일을 살짝 두르고 양파를 먼저 볶다가 소고기를 넣고 분량의 **양념+** 재료를 넣고 보슬보슬 물기 없이 볶아줍니다.

6 볼에 3의 감자와 5의 볶은 양파와 소고기를 넣고 잘 섞어주세요. 수저로 꾹꾹 눌러가면서 평평하게 펴줍니다.

7 한김 식혀 랩을 씌우고 냉장고에서 1시간 정도 차갑게 굳혀줍니다.

● 우유를 넣어서 부드러웠지만 감자에 버터가 들어가서 차갑게 식히면 딱딱하게 굳어서 모양잡기 편해요. 우유를 충분히 넣으면 메쉬포테이토처럼 부드러운 소고기고로케가 될 거예요.

8 굳어진 소는 칼로 적당하게 나누어 좋아하는 모양으로 빚어주세요.

9 빵가루와 밀가루는 넉넉히 준비하고, 달걀물은 곱게 풀어요.

10 빚어놓은 소는 밀가루, 달걀물, 빵가루 순서로 묻혀줍니다. 빵가루는 손으로 살포시 눌러 가면서 꼼꼼하게 묻혀주세요.

11 코팅된 팬에 오일 2컵 반을 붓고 중불과 약불 사이에서 서서히 온도를 올려줍니다. 2~3분 후에 쌀이나 굵은소금 한 톨을 넣었을 때 보글보글 하얀 기포가 올라오면 튀김하기 딱 좋은 타이밍입니다. 튀김옷을 입힌 고로케를 팬에 넣어 튀겨줍니다.

● 기포가 힘이 없으면 1~2분 정도 더 기다려주세요.

12 감자와 소고기는 미리 익혔기 때문에 고로케가 골드브라운색으로 노릇노릇해지도록 튀겨서 건져내면 됩니다.

이북식
닭고기초무침

요것을 먹기 위해 평래옥에 2시간씩 줄서서 초계탕을 드시는 분들이 많죠. 원래는 닭 한 마리의 각종 부위들을 찢어서 무치는데, 간편하게 하기 위해 부드러운 안심살로 무쳤어요. 제가 무치면서 자꾸 먹게 될 정도로 자꾸 손이 가는 맛이에요. 아빠 술안주로, 엄마들 스트레스 날리는 음식으로 진짜진짜 별미랍니다.

○ 닭고기 안심살 5조각(가슴살, 삼계탕용 고기도 좋아요)

○ 굵은 대파 1뿌리

○ 가시오이나 청오이 1개

○ 양파 1/4개

○ 물엿 1/2컵

단촛물⁺

○ 양조식초 3큰술

○ 설탕 1.5큰술

○ 저염간장 3큰술

○ 조선간장 1큰술

양념소스⁺

○ 고춧가루 크게 떠서 3큰술

○ 다진 마늘 1작은술

○ 튜브겨자 1큰술

○ 참기름 1큰술

1 가시오이나 청오이로 하시면 좋지만 없으면 백
오이도 괜찮아요. 단 씨가 많아서 뚱뚱하지 않은
것이 좋아요. 오이는 살짝 두껍게 어슷어슷하게
썰어줍니다.

2 오이에 물엿 1/2컵을 붓고 3시간 정도 절여줍니
다. 물엿이 싫으면 소금 1/2작은술을 넣고 20여
분간 절여주세요.
 ● 소금으로 절이는 것과 물엿으로 절이는 것은 오이의 오독오독
 한 식감이 50배 정도는 나요.

3 3~4시간 정도 지나면 오이에서 수분이 빠져 나
와서 오이가 오독오독, 꼬들꼬들하게 절여졌어
요. 찬물에 가볍게 딱 한 번만 행구어 두 손으로
꽉~ 짜줍니다. 이때 키친타월이나 면보를 이용
하셔도 좋아요.

 ● 물엿은 오이를 절이는 역할만 해요. 물엿의 단맛이 오이에 절대로 배
 이지 않으니 절대 여러 번 행구지 마세요!
 ● 물기 제거를 제대로 안하면 접시에 담았을 때 덜 짜진 오이의 물기때
 문에 한강이 되고, 양념도 싱거워져요.

4 볼에 분량의 **단촛물⁺** 재료를 넣고 랩을 씌우지 않
고 전자레인지에서 30초간 돌려줍니다. 설탕은
수저로 저어서 녹여주고 찬물에 중탕으로 한김
식혀줍니다.

5 4의 단촛물에 분량의 **양념소스⁺** 재료를 넣고 배
합해줍니다. 시간적 여유가 있으면 양념소스를
냉장고에서 차갑게 숙성시키면 양념들이 서로
엉겨서 더 맛있어져요.

6 대파는 손가락 마디 길이로 잘라 반으로 가르고, 끓는 물에 1분 정도 데쳐 찬물에 헹구어 키친타월이나 두 손으로 물기를 살포시 짜줍니다.

7 6의 대파 데친 물에 닭고기를 넣고 센불에서 5분만 삶아 찬물에 헹구어 먹기 좋게 찢어줍니다.

8 볼에 가늘게 채썬 양파, 3의 오이, 6의 대파, 7의 닭고기, 5의 **양념소스**⁺를 넣고 살살 버무려줍니다.

9 간을 보고 싱거우면 소금 2~3꼬집을 더해요. 겁나 맛나겠죠?

밀푀유
돈가스

일본 25겹 돈가스의 인기에 힘입어 국내에서도 돼지고기를 겹겹이 쌓아 올린 밀푀유 돈가스가 인기죠. 집에서
깨끗한 기름에 튀겨서 바삭거리는 식감이 돈가스 전문점보다 훨씬 뛰어나고 소화도 잘 된답니다. 대파와 생강술
이 돈가스의 느끼함을 한방에 정리해주고 무엇보다 돼지고기 육즙과 대파의 풍미가 예술이랍니다.

 (3인 기준)

◯ 돼지고기 불고기감 700~800g

◯ 굵은 대파 2뿌리

◯ 양배추 1/4개

◯ 달걀 2개

◯ 빵가루 · 밀가루 · 오일 넉넉히

◯ 백령도 까나리액젓 1작은술

◯ 소금 2꼬집

소스 +

◯ 생강술 2큰술 16쪽 참고

◯ 맛술 1큰술

◯ 소금 3~4꼬집

고마다래 +

◯ 볶은 참깨 2큰술

◯ 저염간장 2큰술

◯ 설탕 1큰술 반

◯ 양조식초 1큰술

◯ 참기름 1큰술

1 **고마다래**⁺ 재료 중 볶은 참깨는 믹서기에 갈아요.
● 참깨를 팬에 볶기가 귀찮으시면 접시에 참깨 5~6큰술을 펑펑
하게 펴주고 전자레인지에 30초씩 두 번 짱~ 돌리세요. 한번에 1
분 돌리면 안 돼요!!

2 분량의 **고마다래**⁺ 재료를 섞고 설탕이 녹도록 저
어주세요. 손가락으로 콕~ 찍어서 간을 보면 웃
음이 절로 나올 거예요.
● 꼭 양조식초이고, 설탕은 기호에 따라 살짝 더 추가하셔도 됩
니다.

3 굵은 대파는 송송 썰어 달구어진 팬에 오일 1큰
술을 두르고 센불에서 1~2분간 대파의 숨이 살
짝만 죽을 정도로 볶아줍니다. 이때 백령도 까나
리액젓 1작은술, 소금 2꼬집을 넣어 간해요.
● 까나리액젓이 없으면 소금 1/3작은술로 간을 해줍니다.

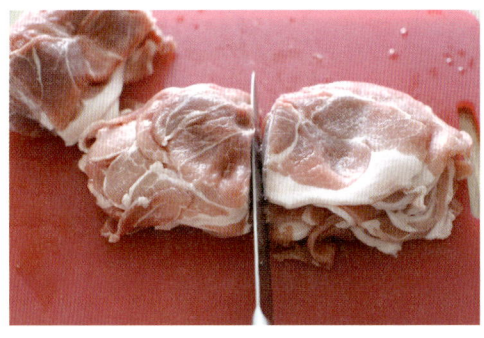

4 돼지고기는 3명이 먹을거라 3등분으로 나누어
주었어요.
● 대형 마트에서 구입하시면 사진처럼 면적이 넓은 놈으로 집어
오세요.

5 볼에 분량의 **소스**⁺ 재료를 넣고 윙윙 저어 소금
을 녹여줍니다.

6 돼지고기 한 장에 5의 **소스**⁺를 바르고, 돼지고기
를 올리고 소스를 발라줍니다. 총 3장의 돼지고
기에 소스를 겹겹이 발라줍니다.
● 돼지고기를 너무 많이 겹치면 속까지 잘 익지 않으니 3장 정도
가 적당해요.

7 돼지고기 위에 3의 볶은 대파를 2큰술 정도 올려
줍니다.

8 대파를 올린 위에 6의 과정을 반복합니다. **소스**⁺
를 겹겹이 바르면서 돼지고기 3장을 덮어줍니
다.

9 밀가루와 빵가루는 넉넉히 준비하고, 달걀은 곱
게 풀어주세요.

10 돼지고기에 밀가루를 앞뒤로 고루 묻히고, 달
걀물을 입히고, 까칠까칠한 빵가루도 꾹꾹 눌
러가면서 튀김옷을 입혀줍니다.

11 코팅된 팬에 오일 2컵 반을 붓고 중불과 약불
사이에서 서서히 온도를 올려줍니다. 2~3분
기다렸다가 쌀이나 굵은소금 한 톨을 넣었을
때 보글보글 하얀 기포가 올라오면 튀김하기
딱 좋은 타이밍입니다. 튀김옷을 입힌 돼지고
기를 넣어주세요.

● 기포가 힘이 없으면 1~2분 정도 더 기다려주세요.

12 중불에서 앞뒤로 뒤집어가면서 8~10여 분간
튀겨야 속까지 완전히 익어요. 상에 낼 때 얇게
채썬 양배추와 1의 **고미다래**⁺를 곁들여내세요.

● 고기를 튀긴 기름은 재사용하지 마세요. 기름에 고기육즙
이 빠져서 냄새가 나고 기름 농도가 굉장히 무겁답니다.

닭고기
가지조림

닭고기, 저염간장, 레몬소금의 조합은 정말 최고랍니다. 닭강정 맛도 나고 짜지 않은 교촌치킨 맛도 난답니다. 닭고기 가슴살과 안심살은 아이들 반찬으로 만들기 쉽고 잘만 조리하면 아주 잘 먹는데 주부님들이 샐러드용으로만 생각하시는지 어쩐지 잘 구입하지 않더라고요. 닭고기 안심살은 쫀득하고 부드러워서 입 짧은 아이들도 좋아할 거예요.

(2인 기준)

○ 닭고기 안심 5~6장((닭가슴살도 좋아요 1장 정도)

○ 꽈리고추 한 줌

○ 날씬한 가지 1개

○ 감자녹말가루 2큰술

○ 마요네즈 1큰술

○ 마늘기름 1큰술 13쪽 참고

○ 소금 약간

○ 오일 적당량

닭고기 밑간+

○ 생강술 1큰술 16쪽 참고

○ 소금 2~3꼬집

○ 후추 약간

양념장+

○ 물이나 멸치육수 3큰술

○ 저염간장 3큰술

○ 까나리액젓 1작은술

○ 맛술 2큰술

○ 조청 1큰술

○ 레몬소금 1큰술 12쪽 참고

○ 다진 마늘 1/2작은술

1 분량의 **양념장**+ 재료를 미리 배합해줍니다.

2 가지는 뚱뚱한 것보다 날씬한 것이 좋겠어요. 손가락 마디 길이로 자르고 반으로 갈라 가로 세로로 촘촘하게 칼집을 넣어줍니다.

3 가지 위에 마요네즈를 주방솔로 살살 발라주세요.

4 가지에 랩을 느슨하게 씌우고 전자레인지에서 1분 찡~ 돌린 다음 랩을 벗겨내고 잠시 대기해줍니다. 마요네즈가 가지 속에 스며들어 아주아주 맛나게 변했어요. 요 위에 케첩, 피자치즈를 올려서 팬이나 오븐에 구워도 맛있어요~.

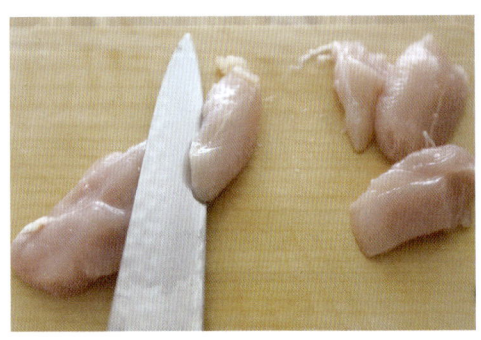

5 닭고기는 어슷어슷하게 3등분으로 잘라주고 **닭고기 밑간**+ 재료로 밑간하고 잠내를 잡아줍니다.

6 5의 닭고기에 감자녹말가루 2큰술을 넣고 가볍게 무친 다음 여분의 가루는 탈탈 털어내세요.

7 달구어진 팬에 마늘기름 1큰술을 두르고 꽈리고추, 소금 2~3꼬집을 넣고 센불에서 가볍게 볶아서 따로 담아둡니다.

8 7의 꽈리고추를 볶았던 팬에 오일을 2~3큰술을 두르고 녹말가루를 입힌 닭고기를 앞뒤로 노릇하게 구워줍니다.

9 닭고기가 노릇하게 익으면 4의 가지, 1의 **양념장**⁺을 붓고 닭고기를 뒤집어가면서 중불과 약불 사이에서 바글바글 조려줍니다.

10 양념장이 자박하게 남았을 때 불을 꺼주세요. 간은 보고 싱거우면 소금 2~3꼬집을 더하세요. 완성한 후 7의 꽈리고추와 함께 담아내면 됩니다.

감동의
난자완스

두반장이나 굴소스 같은 중식 소스에는 화학첨가물이 많이 들어있는데, 이런 중식 소스 없이 한식 간장으로 우리 입맛에 맞는 중식 요리를 만들 수 있어요. 난자완스는 겉은 바삭바삭, 속살은 생선살처럼 부드러워 입안에서 녹아버리는 것 같답니다. 맛은 제가 100% 보장하니 주말에 가족들을 위해 만들어보세요. 어떤 편식쟁이라도 모두 좋아할 거예요.

(2인 기준)

○ 다진 돼지고기 안심 200g

○ 달걀 1개

○ 굵은 대파 1뿌리(작은 건 2뿌리)

○ 청피망 1개

○ 표고버섯 2개

○ 양파 1/2개

○ 파프리카 1/4개

○ 목이버섯 조금

○ 오일 2컵+1작은술

○ 마늘기름 2큰술 13쪽 참고

○ 녹말물(감자녹말가루 1큰술, 물 3큰술)

○ 소금 약간

완자 양념⁺

○ 소금 2~3꼬집

○ 후추 약간

○ 다진 마늘 1/2작은술

○ 생강술 1큰술 16쪽 참고

○ 저염간장 1큰술

○ 참기름 1큰술

○ 감자녹말가루 2큰술

소스⁺

○ 저염간장 3큰술

○ 까나리액젓 1작은술

○ 레몬소금 1큰술 12쪽 참고

○ 맛술 2큰술

○ 조청 1큰술

○ 멸치육수 1/3컵

1 볼에 돼지고기, 달걀, 분량의 **완자 양념**＋ 재료를
넣고 배합해줍니다.

●저는 정육점 사장님께 돼지고기 안심살에 비계를 30g 보태서
갈아 달라고 했어요.

2 1의 반죽을 수백 번 치대어줍니다. 사진에 보이
는 것처럼 질감이 아주아주 부드러워야 잘 된 거
예요.

3 달구어진 팬에 오일 1작은술을 두르고 송송 썬
대파와 소금 2~3꼬집을 넣고 센불에서 숨이 살
짝 죽을 정도만 볶아줍니다.

●귀찮아도 대파는 꼭 볶아서 넣어주세요. 볶고 안 볶고에 따라
난자완스 맛의 차이가 50배는 난답니다.

4 볶은 대파를 한김 식혀서 2의 반죽에 넣고 아주
가볍게 아우러지는 정도로만 치대어줍니다.

5 코팅된 팬에 오일 2컵을 붓고 중불과 약불 사이
에서 서서히 온도를 올려줍니다. 2~3분 기다렸
다가 쌀이나 굵은소금 한 톨을 넣어 보고 보글보
글 하얀 기포가 올라오면 튀김하기 딱 좋은 타이
밍입니다. 계속 중불을 유지하고 밥수저 2개로
예쁘게 볼모양을 만들어 한 수저는 완자를 받치
고 다른 수저는 완자를 살포시 밀어 넣어줍니다.

●기포가 힘이 없으면 1~2분 정도 더 기다려주세요.

6 한꺼번에 너무 많은 양을 넣으면 오일의 온도가
갑자기 내려가니 완자 6개 정도만 넣고 중불에
서 2분 정도 노릇하게 튀겨줍니다. 2분 후 한 번
뒤집어 노릇하게 튀긴 다음 체에 건져내고 키친
타월에 올려서 여분의 기름을 제거해줍니다. 소
스가 필요 없을 정도로 이대로 먹어도 너무 맛있
어요.

7 분량의 **소스**+ 재료를 배합해줍니다.

8 청피망, 양파, 표고버섯은 꼭 넣어주시고 파프리카와 목이버섯은 선택사항입니다. 손가락 마디 길이로 가늘게 채썰어줍니다.

9 달구어진 팬에 마늘기름 2큰술을 두르고 먼저 양파를 10초 정도 볶다가 8의 모든 재료를 넣고 센불에서 1분 정도 불맛나게 볶아줍니다. 이때 소금 2~3꼬집을 넣어 간해요.

10 채소들이 어느 정도 숨이 죽으면 튀겨놓은 6의 완자, 7의 **소스**+를 넣고 살살 뒤적여줍니다.

11 소스가 바글바글 끓어 오르면 약불로 줄이고 녹말물을 팬의 가장자리를 돌려가면서 넣어 농도를 걸쭉하게 만들어요. 이때 녹말물이 뭉치지 않게 잘 저어주세요. 간을 보고 싱거우면 저염간장 1작은술을 더하세요.
● 매콤하게 드시고 싶으면 마지막쯤 깻잎고추기름 1큰술을 넣으면 중식당 느낌이 80%는 나와요~.

닭안심
치즈가스

아이들이 좋아하고 술안주로도 큰 사랑받는 튀김요리는 피할 수 없는 먹거리 중 하나죠. 그런데 튀김요리 그냥 두렵잖아요. 일단 두려움을 없애고 깨끗한 기름에 튀겨내면 정말 맛있어요. 한번 맛보면 밖에서 못 드실 거예요. 퍽퍽한 닭 가슴살에서 닭 안심살로 바꿔봤어요. 손질하기도 쉽고 튀기는 시간도 절약할 수 있으며 부드럽고 너무 맛있어요.

(2인 기준)

○ 닭고기 안심살 8장

○ 양배추 1/4개

○ 참나물 조금

○ 다양한 치즈들 적당량

○ 오일 1컵 반(올리브오일 제외)

○ 밀가루 3~4큰술

○ 빵가루 5큰술

○ 달걀 1개

○ 청주 1큰술

○ 소금 3~4꼬집

○ 후추 약간

레몬소금마요소스⁺

○ 레몬소금 1작은술 12쪽 참고

○ 마요네즈 6큰술

○ 다진 마늘 1/3작은술

1 양배추는 얇게 채썰어 얼음물에 10여 분간 담가 아삭한 식감을 살려줍니다.

2 분량의 **레몬소금마요소스⁺** 재료를 섞어주세요. 튀김요리에 아주 잘 어울려요.

3 닭고기 안심살의 힘줄은 꼭 가위로 제거해주세요.

4 손목에 힘을 빼고 칼등으로 토닥토닥 두들겨 안심살을 늘려줍니다.

5 손질한 닭고기에 청주 1큰술, 소금 3~4꼬집, 후추 약간을 넣어 밑간을 하고 잡내를 잡아줍니다.

6 닭고기 위에 좋아하는 치즈, 녹는 치즈, 늘어나는 치즈 등 취향에 따라 치즈를 적당히 올리고 샌드위치처럼 닭고기로 덮어줍니다.

7 6의 샌드한 닭고기에 밀가루를 입히고, 달걀물을 입힌 다음 지그시 눌러가면서 빵가루를 꼼꼼하게 묻혀줍니다.

8 코팅된 팬에 오일 1컵 반을 붓고 중불과 약불 사이에서 서서히 온도를 올려줍니다. 2~3분 기다렸다가 쌀이나 굵은소금 한 톨을 넣어 보고 보글보글 하얀 기포가 올라오면 튀김하기 딱 좋은 타이밍입니다. 튀김옷을 입힌 닭고기를 넣어주세요. 닭고기를 한꺼번에 넣으면 오일의 온도가 확~ 떨어져서 튀김이 눅눅해지니 딱 2덩이만 넣고 노릇노릇하게 튀겨줍니다.

● 기포가 힘이 없으면 1~2분 정도 더 기다려주세요.

9 눈으로 보기에도 노릇노릇하게 튀겨졌을 때 한 번 뒤집어줍니다.

10 앞뒤가 모두 노릇노릇해지면 튀긴 닭고기를 건져 체에 올려줍니다. 튀김은 공기와 접촉하면 더 바삭해져요.

11 한 번 더 튀겨줄게요. 두 번째 튀길 때는 너무 오래 튀기지 말고 골드브라운 색이 돌면 건져내세요. 체망에 올려서 기름을 빼고 접시에 담아내세요.

도로도로 앙소스
오므라이스

소녀부터 아줌마까지 여자라면 모두 좋아하는 맛이랍니다. 수저로 크게 떠서 한입 가득 입에 넣으면 무지 리치해요. 고소한 닭고기, 땅글거리는 새우, 버터옷을 입은 달걀이 입에서 녹아내리는 것 같고, 앙소스는 무지무지 촉촉하답니다. 생각보다 완전 맛있다고 블로그 이웃님들의 후기가 무지 많았던 메뉴랍니다.

(2인 기준)

○ 공기밥 1공기 반
○ 대파 1뿌리
○ 양상추 1/4개
○ 닭고기 안심살 2쪽
○ 냉동 새우 6개(큰 것)
○ 마늘기름 2큰술+1작은술 13쪽 참고
○ 저염간장 1큰술
○ 까나리액젓 1작은술
○ 생강술 1작은술 16쪽 참고
○ 후추 약간

앙소스(3~4인 분량)+
○ 멸치육수 2컵
○ 저염간장 2큰술
○ 조선간장 1큰술
○ 맛술 1큰술
○ 소금 2꼬집
○ 녹말물(감자녹말가루 3큰술, 물 5큰술)

도로도로 달걀(2인 기준)+
○ 달걀 4개
○ 버터 2큰술
○ 맛술 2큰술

1 대파는 송송 썰고, 양상추는 열을 가하면 숨이 빨리 죽으니 큼직하게 듬성듬성 썰어줍니다.

2 닭고기는 잘게 깍둑썰기 하고, 냉동 새우는 미리 해동해 사진처럼 반으로 나누어줍니다. 칼로 반으로 나눌 때 까만 새우 내장이 보이는데 제거해주세요.

3 달구어진 팬에 마늘기름 1작은술을 두르고 새우살, 생강술 1작은술, 후추 약간을 넣고 아주 빠르게 볶아 따로 담아둡니다.

4 3의 새우를 볶았던 팬에 마늘기름 2큰술을 두르고 대파를 먼저 볶다가 옆으로 밀어내고, 2의 닭고기를 볶아줍니다. 닭고기가 반 정도 익으면 저염간장 1큰술, 까나리액젓 1작은술을 넣어 간해요.

5 바로 양상추, 온기가 있는 밥을 팬에 넣고 센불에서 볶아줍니다.

● 가정집에서는 화력이 중식당보다 약하기 때문에 찬밥은 꼭 전자레인지에 데워서 넣어주세요. 밥 때문에 온도가 확 떨어지면 채소가 질퍽해져 수분이 나와요.

6 나중에 간장 베이스의 앙소스를 곁들이니 간은 심심한 정도가 좋아요. 마지막에 후추만 약간 넣어주세요.

7 볶음밥을 밥그릇에 틀을 잡아서 소스가 중앙으로 모일 수 있는 움푹한 그릇에 예쁘게 담아냅니다.

앙소스 만들기

8 팬에 꼭 멸치육수를 부어줍니다. 저염간장 2큰술, 조선간장 1큰술, 맛술 1큰술, 소금 2꼬집을 넣어요.

● 제가 멸치육수 2컵에 맞는 레시피를 제시해서 줄이시면 안 됩니다. 원래는 중국 다시다 닭스프, 치킨스톡으로 맛을 내는데 우리 입맛엔 멸치육수로 해도 충분히 맛있어요.

9 끓기 시작하면 약불로 줄이고 녹말물을 작은 원을 그리듯 살포시 붓고 수저로 윙윙 저어줍니다. 탕수육 소스처럼 몽글몽글 끈기가 생기면 불을 꺼줍니다.

10 완성된 **앙소스**+입니다(소스는 3~4인이 먹을 수 있는 양입니다).

도로도로 달걀 만들기

11 도로도로 달걀은 1인분씩 두 번 만들어요. 달걀 2개, 맛술 1큰술을 넣고 젓가락으로 5~6번 정도 대충 저어줍니다.

12 팬을 달구고 불을 끈 상태에서 버터 1큰술을 넣어줍니다.
● 불을 끄지 않고 버터를 녹이면 냄새도 나고 버터가 갈색으로 홀라당 타버려요.

13 다시 불을 켜고 중불에서 팬에 달걀물을 천천히 붓고 젓가락으로 4~5번 정도 천천히 저어줍니다.

14 딱 이 정도 익었을 때 빨리 불을 꺼줍니다! 달걀은 열에 약한 식재료라 2~3초 사이에 다 익어 버릴 수 있어요. 그냥 미련 없이 불을 꺼줍니다.

15 팬에도 뜨거운 열기가 남아 있으니 바로 달걀을 볶음밥 위에 스르르 부어줍니다.

16 3의 볶은 새우를 볶음밥 옆에 곁들여주면 '정성과 돈 좀 들었다' 볶음밥 되겠습니다. 소스 없이 이대로 드셔도 맛있어요. 10의 앙소스는 식탁 위에서 부어 드세요.

차돌박이
볶음우동

탱탱하고 매끈하게 볶아진 우동면이 입안으로 빨려 들어가는 느낌이 촉촉해요. 고소한 차돌박이와 향긋한 부추의 조합은 진정 베리 굿이랍니다. 정성껏 만들어 식탁에 올리면 모르긴 몰라도 가족들에게 대히트일 거예요.

 (2인 기준)

○ 사누끼 냉동 우동면 1개 반

○ 냉동 차돌박이 2줌

○ 대파 하얀 부분 1/2뿌리

○ 생강 조금

○ 통마늘 1톨

○ 마늘기름 1큰술 13쪽 참고

○ 소금 약간

우동소스＋

○ 멸치육수 1/2컵

○ 저염간장 3큰술

○ 까나리액젓 1작은술

○ 맛술 2큰술

○ 레몬소금 1큰술 12쪽 참고

○ 조청 1큰술

채소들＋

○ 알배추 2장(양배추도 좋음)

○ 버섯 한 줌

○ 청양고추 2개

○ 당근 조금

○ 양파 1/4개

○ 부추 조금

○ 대파 1/2뿌리

차돌박이 양념＋

○ 저염간장 1큰술 16쪽 참고

○ 생강술 1큰술

1 분량의 **우동소스**⁺ 재료를 미리 배합해줍니다.
  ● 저염간장과 레몬소금이 들어간 볶음우동은 까나리액젓을 꼭 넣어야 전체적으로 밸런스가 맞고 감칠맛이 나요.

2 사누끼 냉동 우동면이에요. 끓는 물에 데쳐 찬물에 헹구어 체에 밭쳐 물기를 빼줍니다.
  ● 볶음우동은 꼭 냉동 우동면으로 해야 쫀득하고 맛있어요. 냉동 우동면은 롯데마트, 코스트코에서 구입할 수 있어요.

3 차돌박이는 꼭 냉동된 상태에서 잘게 채썰어주세요. 차돌박이는 해동된 상태에서 썰면 조직이 다 풀어져서 완전 지저분하게 썰려요.

4 너무 욕심 부리지 마시고 좋아하는 채소를 조금씩 준비해줍니다. 부추와 당근을 제외한 채소들은 큼직하게 채썰어주세요.

5 달구어진 팬에 기름을 두르지 않고 차돌박이, 저염간장 1큰술, 생강술 1큰술을 넣고 아주 살짝만 볶아줍니다.

6 팬을 비스듬하게 기울여 기름을 제외하고 차돌박이만 건져내 따로 담아둡니다.

7 차돌박이를 볶았던 팬을 키친타월로 닦아내고
마늘기름 1큰술을 두르고 생강, 편으로 썬 마늘,
잘게 다지듯 썬 대파를 넣고 중불과 약불 사이에
서 볶아줍니다.
● 슬라이스해서 냉동 보관한 생강을 넣었는데 생강이 없으면 넣
지않아도 됩니다.

8 볶다보면 생강, 마늘, 대파에서 달큰한 냄새가
올라올 거예요. 양파, 대파, 배추를 넣고 센불에
서 너무 뒤집지 마시고 20~30초 정도 그대로 두
어 불맛을 주고 팬을 흔들어 채소를 뒤집으면 골
드브라운색이 날 거예요.
● 이렇게 하면 채소에서 수분도 덜 빠지고 식감도 좋고 우리가
말하는 불맛도 난답니다.

9 배추, 양파가 어느 정도 숨이 죽었다 싶으면 버
섯, 청양고추, 당근을 넣고 소금 2~3꼬집으로 밑
간을 하고 센불에서 딱 20~30초만 더 볶아 접시
에 따로 담아둡니다.

10 채소를 볶았던 팬에 1의 **우동소스**+를 부어줍
니다. 소스가 와르르 끓어오르면 데쳐놓은 우
동면을 넣고 볶아줍니다. 소스 국물이 너무
많다싶지만 우동면은 하염없이 수분을 빨아
들이니 걱정하지마세요. 오히려 소스가 적으
면 팬에 우동면이 달라붙을 거예요.

11 우동면이 소스에 자작하게 볶아지면 일단 불
을 꺼주세요. 6의 차돌박이, 9의 채소, 부추, 후
추를 약간 넣고 뒤적여주세요. 이때 간을 보면
아마 짜지도 싱겁지도 않을 거예요. 만약 싱거
우면 저염간장 1작은술을 더하세요.

돼지고기
장조림

어린 시절 할아버지와 아빠 밥상에만 장조림을 올려주셔서 저에겐 장조림은 차별의 상징같아요~. 지금은 우리 집 베스트 밑반찬으로 자주 상에 올린답니다. 요것도 공개하기 싫었던 레시피 중의 하나인데 전격 공개합니다. 저는 장조림에 구기자를 넣는데 구기자의 역할이 얼마나 큰지 드셔 보시면 바로 아실 거예요.

○ 돼지고기 안심 400g

○ 메추리알 1팩

○ 대파 하얀 부분 1뿌리

○ 통마늘 3톨

○ 구기자 조금(없으면 넣지 않아도 됩니다)

○ 식초 1큰술

양념간장+

○ 멸치육수 1컵

○ 저염간장 1/2컵

○ 조선간장 1/4컵

○ 조청 1/2컵

○ 생강술(또는 청주) 1/4컵 16쪽 참고

○ 맛술 1/4컵

1 분량의 **양념간장+** 재료를 미리 배합해줍니다. 멸치육수와 조청은 꼭 들어가야 해요.

2 돼지고기는 4등분으로 잘라서 팔팔~ 끓인 물 3~4컵을 붓고 5분 정도 그대로 둡니다. 뜨거운 물을 붓자마자 돼지 잡내가 올라올 거예요.

● 잡내 잡아내는 건 팔팔~ 끓인 물이 최고예요!

3 5분 후 돼지고기는 찬물에 깨끗하게 씻어 체에 밭쳐 둡니다.

4 메추리알은 조리하기 1시간 전에 상온에 꺼내 놓으세요. 시간이 없으면 체온 정도의 물에 10분 정도 담가놓아요. 바늘이나, 옷핀을 가스 불에 2~3초 달구어줍니다. 사진처럼 아주 살짝 메추리알을 찔러줍니다.

● 노른자까지 가지 말고 아주 살짝만 찔러주세요. 작은 구멍으로 수분이 들어가서 껍질과 알을 분리하면서 익혀줍니다.

5 팔팔 끓는 물에 식초 1큰술을 넣고 메추리알을 살포시 넣어줍니다. 뚜껑을 닫고 5~6분 정도 중불과 약불 사이에서 삶아줍니다.

6 삶은 메추리알은 찬물에 헹구어 껍질을 까주세요. 1~2개 정도는 불량이 나오지만 대부분 깔끔하게 잘 까집니다.

7 냄비에 1의 **간장양념⁺**을 붓고 끓기 시작하면 돼지고기와 대파, 구기자, 마늘을 넣어줍니다. 아주아주 약불로 줄이고 뚜껑을 닫고 40분간 삶아줍니다.

● 소고기로 할 경우 양지, 사태, 홍두깨살로 하면 됩니다. 소고기는 부위마다 익히는 시간이 조금씩 다릅니다. 적어도 50~60분 정도는 육수에 먼저 익히고 그다음 간장이 들어야 합니다.

8 40분 후 돼지고기만 건져내고 불을 꺼줍니다. 건져낸 돼지고기는 냉동실에 5~6분 정도 넣어두면 뜨거운 김이 확~ 날아가서 찢기 편해요. 그러나 너무 식으면 잘 찢어지지 않아요. 적당히 뜨거워야 잘 찢어져요.

9 7의 냄비에 메추리알, 8의 먹기 좋게 찢어놓은 돼지고기를 넣고 센불에서 딱 2분만 끓인 다음 불을 끄고 반찬통에 담아줍니다.

● 제 말 안 듣고 너무 조리면 메추리알이 쪼그라들고 돼지고기도 질겨져요. 정말이에요~. 돼지고기는 40분 동안 완벽하게 익었고, 메추리알은 간장물에 담가 놓기만 해도 간이 배입니다.

10 이제부터 제일 중요합니다. 장조림을 완전히 식혀서 뚜껑을 닫고 꼬박 이틀간 김치냉장고에서 숙성시켜줍니다. 지금 드셔도 별 맛이 없어요. 이틀 후에 드시면 제가 왜 '2분만 끓이고, 2일간 숙성'하라고 했는지 바로 아실 거예요.

INDEX